알아차림에 대한 알아차림

알아차림에 대한 알아차림

BEING AWARE

of

BEING AWARE

루퍼트 스파이라 지음

김주환 옮김

퍼블리온
Publion

나는 나 자신을 찾아 헤맸으나 결국 신을 발견했다.

나는 신을 찾아 헤맸으나 결국 나 자신을 발견했다.

———

수피 격언

이 책은 루퍼트 스파이라의 『Being aware of being aware』를 번역한 것이다. 이 책은 명상의 핵심에 대해 그야말로 간결하고도 직접적으로 설명하고 있다. 짧지만 매우 깊이 있고, 쉬운 말로 평이하게 설명하지만 결코 가볍거나 피상적이지 않으며, 논리적이고 이성적이지만 깊은 영적 울림을 갖고 있는 매력적인 책이다. 대부분의 독자들로 하여금 명상에 대해서 오해하고 있었음을 스스로 깨닫게 해줄 것이다.

저자는 명상은 특별한 깨달음이나 경험을 위한 것이 아님을 강조한다. 진정한 행복은 대상적 경험을 통해서 얻어지는 것이 아니다. 우리가 갈망하는 온전한 평온함과 진정한 행복은 이미 우리 안에 늘 있는데, 그것이 바로 알아차림이다. 우리는 알아차림을 늘 알고 있으나 주의를 대상적 경험에 집중하느라 간과하고 있을 뿐이다. 알아차림 자체가 '진짜 나'다..

스파이라의 논의는 주로 베단타 철학에 기반하고 있지만 기독교나 불교의 관점도 수시로 언급하고 있다. 이 책은 베단타 철학 자체를 다룬다기보다는 신비주의적이고도 종교적인 것들을 싹 걷어내고 핵심적 논의만을 추출하여 현대적이고도 일상적인 언어로 설명한다. 그럼으로써 가장 영적인 메시지를 전달한다. 증류 과정을 거쳐 원액을 뽑아내듯이 베단타 철학으로부터 핵심만 추출한 그의 논의는 기독교나 불교의 가르침과도 자연스럽게 연결된다. 그는 전혀 종교적이지 않지만, 어떠한 전통적인 종교 지도자보다도 더욱더 영적인 메시지를 전하고 있다. 동시에 어떠한 명상 지도자보다도 더 구체적이면서도 명확한 명상법을 제시하고 있다.

스파이라는 기독교 집안에서 태어났고 그 영향을 많이 받았지만 동시에 베단타 철학에 깊은 관심을 갖고 있던 부모님의 영향으로 광범위한 인도 철학과 명상에 일찍부터 눈을 뜰 수 있었다. 그의 부모는 런던에 있는 아드바이타 베단타 철학을 공부하는 모임의 회원이었다고 한다.

우파니샤드에 바탕을 둔 베단타 철학에는 여러 사조가 있으나 현대에 이르기까지 널리 영향을 미치고 있는 것은 8세기 인도 철학자인 샹카라에 의해서 정립된 아드바이타 베탄타 철학인데, 그 핵심에는 불이론non-dualism이 있다. 베단타 vedanta는 "베다의 마지막 부분"이라는 뜻으로 베다 경전 자체보다는 우파니샤드에 집중한다. 샹카라는 수천 년의 역사를 지닌 방대하고도 잡다한 우파니샤드 텍스트를 정리하고 주석을 달아서 오늘날 우리가 보는 우파니샤드를 실질적으로 "만들어 낸" 학자다. 우파니샤드에 관심이 있는 독자들께서는 핵심적인 우파니샤드 11개를 샹카라의 주석과 함께 원전에서 그대로 번역해낸 임근동 교수의 번역본을 참고하시기 바란다.

스파이라는 젊은 시절부터 도예 예술가의 길을 걸어서 세계적인 도예가로 명성을 떨쳤다. 영국의 유명 뮤지엄에서 그의 작품들을 영구 콜렉션했으며, 엘리자베스 여왕이 한국에 올 때 우리나라 대통령에게 줄 선물로 가지고 온 것이 바로 루퍼트 스파이라의 도예 작품이었다. 30여 년간 작품 활동을 통해 최고 수준의 도예가가 되었음에도 스파이라는 이제 작품 활동을 완전히 접고 명상 지도에만 전념하고 있다.

스파이라에 따르면 명상 수행은 두 가지 단계를 거쳐야 한다. 첫 단계는 일상적인 경험으로부터 벗어나서 순수의식으로서의 진정한 자아를 찾는 것이고 두 번째는 다시 일상적인 삶과 현실적인 경험으로 되돌아가서 순수의식과 실제 경험을 통합하는 것이다. 이 두 가지 접근법을 통합하는 것이 바로 이 책에서 여러 차례 강조되고 있는 "직접적인 길direct path"이다. 직접적인 길은 특정한 종교적 전통과는 상관이 없다. 다만 전통적인 종교에서 공통적으로 전해 내려오는 핵심적인 가르침을 현대인의 삶과 문화에 맞추어서 보다 분명하고 간결하게 정리한 것이다.

스파이라는 깨달음이란 어떤 특수한 경험이 아니라는 점을 누누이 강조한다. 특별한 노력이나 명상을 통해서, 수행을 통해서만 도달할 수 있는 특별한 경지가 전혀 아니라는 것이다. 깨달아야겠다는 목표 의식을 갖고 열심히 노력하면 노력할수록 깨달음에서 오히려 멀어질 뿐이다. 알아차림은 특별하고도 오묘한 종류의 경험이 결코 아니다. 우리가 알아차림을 스스로 알기 위해서는 아무런 노력도 필요로 하지 않는다.

특별한 수련법을 통해서 깨달음을 얻게 해주겠다거나 신비한 경험을 하게 해주겠다는 "명상 전문가"는 사실 명상이 뭔지 잘 모르는 사람이라 보면 된다. 스스로 깨달았다고 주장하는 사람은 대부분 깨달음이 뭔지 잘 모르거나 크게 오해하고 있는 사람이다. 명상은 뭔가를 깨닫기 위해서 하는 것이 아니다. 개별적인 자아를 제거하거나 없애는 것이 명상의 목표인 것도 아니다. 제거해야 할 개별적 자아라는 것은 애초에 존재하지 않기 때문이다. 개별적인 자아를 해체하고 완전히 뿌리 뽑으려는 시도는 오히려 그 환상적인 존재를 영속시킬 뿐이라는 것이 스파이라의 입장이다. 명상의 목표는 깨달음을 얻는 것이 아니라 보다 더 편안해지고 행복해지기 위한 것이다. 스파이라는 강조한다. "명상은 우리의 존재 방식이지,

우리가 하는 어떤 행위가 아닙니다."

이 책은 인도 베단타 철학의 핵심 질문인 "나는 누구인가"
에 대한 간결하고도 통찰력 있는 답변이다. 우리가 일상생활
속에서 경험하는 "나"는 사실 진짜 "나"가 아니다. 그것은 진
짜 나에 무언가 덧입혀진 것이다. 내 이름은 나에게 부여된
것이지 진짜 "나"가 아니다. 나의 직업은 나에게 일정 기간 동
안 부여된 역할이지 "나"가 아니다. 내가 입은 옷이 내가 누
구인가를 결정짓지도 않는다. 인간관계 속에서 맡게 된 부모,
자식, 부부, 형제, 자매, 친구, 부하, 상사, 동료 등의 역할 역시
내가 일시적으로 맡고 있을 뿐이다. 내 집, 내 차, 내 오디오,
내 전화기, 내 컴퓨터, 내 캠핑 장비, 내 자전거, 내 운동기구
역시 다 내가 잠시 갖고 있는 것이지 "나" 자신이 아니다. 내
게 부여된 모든 것, 내가 맡은 모든 역할, 내가 갖고 있는 모
든 것, 이 밖에 나를 한정짓는 모든 것을 다 제외하고 남는
것이 진짜 "나"다. 그 진짜 "나"의 다른 이름이 곧 알아차림
awareness이다. 내가 이러저러한 역할을 맡고 있고 이러저러한

것을 갖고 있으며 이러저러한 경험을 하고 있음을 늘 알아차리고 있는 존재가 곧 진짜 "나"다. 내가 어떤 행위를 할 때 그 행위가 일어남을 알아차리고 지켜보는 존재가 곧 진짜 "나"다. 이 진짜 나를 알아차리는 것은 전혀 어려운 일이 아니다. 늘 알아차리고 있다. 다만 잊고 있을 뿐. 뒤에 배경에 늘 있다. 나는 이것을 '배경자아'라 부른다. 스파이라가 이 책에서 영화 스크린에 비유하는 것이 바로 이 배경자아다.

지금 한 손으로 휴대폰을 들고 바라보라. 내 손 안에 있는 휴대폰. 이것은 분명 나의 휴대폰이다. 그러나 이 휴대폰이 곧 "나"인 것은 아니다. 그저 "내 것"일 뿐, "나"는 아니다. 내 휴대폰은 "나"의 어떤 본질적인 한 부분을 이루고 있지 않다. 휴대폰이 고장 나거나 파손된다고 해서 "나"라는 존재의 일부가 훼손되지는 않는다. 휴대폰을 잃어버린다고 해서 나의 본질적인 어떤 부분이 사라지는 것도 아니다. 휴대폰을 바꾼다고 해서 나의 본질적인 부분이 바뀌는 것도 아니다.

내가 지금 입고 있는 옷, 내가 사는 집, 내가 운전하는 차, 나의 지위, 나의 권력, 나의 이미지, 나의 명예, 나의 체면, 나의 업적, 나의 사업, 그 밖에 내가 소유하고 있는 모든 것 역시 휴대폰과 마찬가지다. 이런 것들은 내 것이기는 하지만 "나"인 것이 아니다. 나의 이름, 직업, 나이, 성별, 성격, 몸, 생각, 감정, 기억, 특성, 행동, 습관, 인간관계 등도 모두 마찬가지다. 이런 것들은 모두 다 "내 것"에 불과한 것이고 "나에 관한 것"일 뿐 그 자체가 곧 "나"인 것이 아니다. 내가 소유하는 것 그 어떤 것에도 진짜 "나"라 할 만한 것은 없다. 그럼에도 불구하고 대부분의 사람들은 "내 것"과 "나 자신"을 구분하지 못한다. "내 것"을 곧 "나"라고 착각한다. 말하자면 내 손 안의 휴대폰이 곧 "나"라는 착각을 하고 살아가고 있는 것이다.

이 엄청난 착각으로부터 수많은 번뇌와 괴로움과 두려움과 분노가 발생한다. 이 착각이 편도체를 필요 이상으로 과도하게 활성화시킨다. 내가 소유하는 모든 것은 나의 본질과는 전혀 상관없는 것이고, 다만 우연히 나에게 나타났다가 나를 잠시 스쳐 지나가는 것뿐이다.

내 생각도, 나의 감정도 내 것일 뿐 내가 아니다. 내 생각이나 감정은 나에게 일어나는 사건일 뿐 내가 아니다. 나의 경

험, 감정, 생각, 기억, 느낌 모두 다 마찬가지다. 이것도 내가
아니고 저것도 내가 아니다. 내가 알아차릴 수 있고, 설명할
수 있고, 인식할 수 있는 것들은 모두 다 내 경험과 인식의
대상일 뿐, 즉 내가 지닌 어떤 것일 뿐 나 자신이 아니다. 일
상적인 관념에서 "나"의 일부라고 믿었던 것을 하나하나 살펴
보면 "나"라고 할 만한 것은 하나도 없다.

　그렇다면 "나"는 어디에 있는가. 다시 손에 있는 휴대폰을
바라보라. 휴대폰은 내가 아니다. 하지만 이 휴대폰을 바라보
고 인식하고 경험하는 주체는 분명히 있다. 그것이 바로 나다.
휴대폰이 "나"인 것이 아니라 휴대폰을 바라보는 것이 나다.
휴대폰이라는 대상을 경험하는 주체가 곧 진짜 나다. 내가
지닌 온갖 소유물들 역시 그 자체로서 "나"인 것이 아니라, 그
것을 알아차리고, 인식하고, 경험하는 주체가 진짜 "나"다.

　"나"는 인식주체다. 경험의 주체다. 따라서 "나"에 대한 묘사
는 불가능하다. 실체라 할 것도 없다. 인식 대상이 될 수 없기
때문이다. 눈이 눈을 볼 수 없듯이, 나는 나를 볼 수도 없고
경험할 수도 없다. 내가 경험할 수 있는 나에 관한 모든 것은

나의 본질이 아니라 그저 "내 것"에 불과한 것들이다. 그렇기에 인식주체로서의 진짜 나의 자리는 늘 텅 비어 있다. 공이다. 그러나 없는 것은 아니다. 인식주체로서의 나는 분명히 존재한다. 없는 것이 아니라 늘 있다. 그러나 비어 있다. 텅 빈 곳과도 같다. 공간이 있어야 사물이 존재할 수 있게 된다. 우리가 볼 수 있고 느낄 수 있는 것은 사물일 뿐이지만, 그러한 사물의 존재를 통해 우리는 공간(텅 빈 곳)이 존재한다는 것을 안다. 존재하는 모든 사물들의 배경에는 공간이 반드시 존재한다. 마치 존재하는 모든 소리에는 고요함이 배경으로 존재하는 것과 같다. 공간이 고요함은 모두 텅 비어 있는 배경과도 같은 존재다. 텅 비어 있는 배경으로서 늘 거기 그렇게 존재하는 것이 바로 나다. 그것이 배경자다. 텅 비어 있는 그 자리는 알아차림의 자리이고, 명료한 의식의 주체로서의 배경자다. 이게 진짜 나다.

　인식의 주체는 경험의 대상이 아니기 때문에 묘사나 설명이 불가능하지만, 무엇인가를 인식하고 있다는 것을 알아차리는 순간, 인식의 주체의 존재는 부정할 수 없게 된다. "나"는 인식 대상으로서가 아니라 인식 주체로서 늘 거기 그렇게 존재한다. 제법무아諸法無我[1]의 가르침이 인식 주체까지 부정하는 것은 아니다. 제법무아에서 내가 없다, 이것도 저것도 내가 아니라는 것은 인식 대상으로서의 내가 없다는 것일 뿐이다. 제법무아가 부정하는 것은 인식주체로서의 진짜 "나"가 아니라 인식 대상으로서의 나에 관한 어떤 것들일 뿐이다. 제법무아임을 깨닫고 알아차리는 "진짜 나"까지 부정하는 것이 아니다.

우파니샤드식으로 이야기하자면 아나타anattā를 통해서 진정한 아트만을 발견할 수 있다는 것이고, 선불교식으로 말하자면 불성이나 본래면목(아트만)을 발견함으로써 "나"라는 자리가 텅 비어 있음(아나타)을 깨닫게 된다는 것이다. 결국 같은 이야기를 두 가지 방식으로 하고 있는 것뿐이다. 내 생각이나 감정이나 느낌이 곧 내가 아니라 나에게 일어나는 일련의 사건들이라는 것을 분명히 깨달을수록 나는 그러한 것들에 휩쓸리지 않고 한 걸음 떨어져서 바라볼 수 있게 된다. 인식주체로서의 나는 늘 고요하고 평온하고 흔들리지 않는 존재라는 것도 점차 분명하게 알 수 있게 된다. 홍수가 나서 세상이

휩쓸려 내려가도 나는 물이 닿지 않는 모래섬에서 한 걸음 떨어져서 홍수를 바라볼 수 있게 된다. 이것이 바로 나 자신을 섬으로atta dīpā 삼고, 피난처로 삼아 의지한다는 뜻이다.

역자로서 한 가지 바람이 있다면 이 작은 책이 우리나라 명상 문화가 신비주의와 종교로부터 탈피하는 데 조금이라도 도움이 되었으면 한다. 특히 명상이 마음챙김mindfulness 일변도에서 벗어나서 보다 많은 사람들의 몸과 마음의 건강에 도움을 줄 수 있는 계기가 되길 바란다.

명상이 널리 확산되어 있는 다른 선진국들과 비교해 볼 때, 우리나라는 명상 수행 인구, 명상 관련 연구, 명상 문화 확산, 의료보험의 적용 여부, 명상 교육의 확산 정도 등 여러 가지 면에서 매우 뒤처져 있다. 우리나라에서 명상이 다른 선진국들처럼 널리 확산되지 못하고 있는 가장 큰 이유는 아마도 명상은 종교적인 활동이라는 고정관념 때문일 것이다. 우리나라는 명상을 특정한 종교와 결부시켜서 바라보는 선입견이 강해서 여전히 명상을 신비주의적이고도 비과학적인 것으로 보는 경향이 있다. 종교적인 편견 없이 마치 몸의 건강을 위해서 운동하듯이 마음의 건강을 위해서 명상을 하는 문화가 세계적으로 확산되고 있지만 한국에서는 그러한 명상 문화가 이제 겨우 시작되는 시점인 듯하다. 하지만 명상은 아직 요가나 필라테스처럼 쉽게 접근하기가 어려운 것이 사실이다.

요가도 원래는 종교 수행 방법이었다. 지금도 많은 사람들이 종교 활동의 일환으로 여전히 다양한 요가를 수행한다. 요가는 거의 명상 수행과 동의어라 볼 수 있다. 스트레칭하듯이 어려운 자세를 취하는 하타 요가는 수많은 요가 수행 방법 중 극히 일부에 지나지 않는다. 그러나 미국으로 넘어가면서 하타 요가의 일부가 상업화되면서 몸의 건강을 위한 스포츠로 바뀐다. 종교적 의미를 벗어버리고 운동 프로그램으로 전환됨으로써 널리 확산된 것이다. 전 세계 요가학원에 다니는 사람들을 모두 힌두교도라 할 수는 없다. 하타 요가 전통에서 전해져 내려오는 여러 동작과 자세들을 현대화하여 새롭게 만든 프로그램들이 우리가 쉽게 접할 수 있는 "요가"인 것이다. 그런데 사실 따지고 보면 요가의 특정 동작이나 호흡법들은 특정 종교적 전통에서 가져다 쓴 것이지 그 자체에 어떤 종교적 의미가 있는 것이 아니다.

힌두교가 "호흡"을 종교적 의식에 사용하고 불교가 "걷기"를 종교적 명상으로 사용한다고 해서 우리가 "호흡"이나 "걷기"라는 행위 자체를 모두 부정하거나 외면할 수는 없다. 일본 불교가 "앉기"를 중심으로 좌선을 발달시켰다고 해서 "앉는 것" 자체를 거부하는 것은 곤란하다. 사실 호흡이든 앉기든 명상이든 그 자체로서는 어떠한 종교적 의미도 없다. 특정 종교적 전통에서 호흡이나 걷기에 나름대로의 의미를 부여해서 종교적 색채를 띤 것뿐이다. 각종 명상 훈련 역시 마찬가지다. 불교 등 여러 종교 전통에서 명상에 종교적 의미를 부여해서 가져다 쓴 것뿐이다. 그래서 비슷한 효과를 가져오는 유사한 명상 기법들이 여러 종교나 문화에 따라 서로 다른 개념으로 이해되고 서로 다른 이름으로 불리기도 한다. 하지만 명상은 명상일 뿐이다. 종교를 좋아하는 사람은 명상에 종교적 의미를 부여해서 하면 되고 몸과 마음의 건강에 관심이 있는 사람은 명상의 건강 효과를 잘 살펴보면 된다.

이 책을 읽으시는 독자 여러분께서 명상이 주는 지극한 평온함과 행복감을 맛볼 수 있게 된다면 역자로서 그 이상의 보람은 없겠다. 진짜 나를 찾는 것, 이것이 진짜 명상이다. 애쓰지도 않고 노력하지도 않으며 그저 고요함 속에 머물면서 알아차림으로서의 나의 본 모습을 알아차리는 것이 명상이다. 내가 평온해지고 행복해지는 것이라기보다는 나의 본성이 곧 평온이고 행복임을 알아차리는 것이다. 대상적 경험으로부터 주의를 거둬들이고 알아차림을 그저 알아차리게 되면 아무것도 더 원하는 것이 없을 정도로 완벽한 충족감과 만족감이 차오른다. 내 마음과 몸이 지금 이 순간 제자리를 찾고 모든 것이 다시 완벽하게 작동하기 시작하는 듯한 확실하고도 강한 느낌이 온몸으로 퍼져나간다. 내 몸과 마음이 완벽한 조화를 이루고 있다는 것을 알게 되고, 내 주변의 모든 것들과 편안하면서도 아름다운 조화를 이루고 있음이 문득 강하게 느껴진다. 그야말로 완벽한 행복감이다.

김주환

차례

옮긴이의 말 007

독자에게 024

서문 | 행복의 직관 025

| 1장 |

알아차리기

041

| 2장 |

알아차림의 본질

059

| 3장 |

우리 본질의 핵심을 살펴보다

073

| 4장 |

뒤엉킨 알아차림 풀어헤치기

089

| 5장 |

애쓰지 않는 길

109

| 6장 |

내면으로 향하는 길

129

| 7장 |

영광의 구름을 이끌고 나아가다

147

| 8장 |

알아차림의 바다

165

옮긴이 주 178

저는 지난 몇 년간 다양한 명상 모임에서 이끌었던 명상을 바탕으로 이 책을 엮었습니다. 현장에서 자연스럽게 즉흥적으로 했던 말을 글로 옮겨 적으면서 내용을 정리하였습니다.

명상이란 말과 말 사이의 틈에서 이루어집니다. 따라서 실제 명상을 진행하는 동안에는 한 문장과 다음 문장 사이에 긴 정적이 있습니다. 명상하는 사람들은 고요함 속에서 한 마디 한 마디를 자신의 경험을 통해 탐구하게 됩니다. 독자 여러분께서 이 책을 읽으면서 마치 실제 명상 모임에 앉아서 명상 가이드를 듣는 것과 유사한 체험을 할 수 있도록, 각 문장과 단락 사이에 공간을 두었습니다.

행복의 직관

　모든 사람은 무엇보다도 행복하기를 원하지요. 인간관계나 다른 어떤 이유 때문에 잠시 우리의 행복을 보류하는 경우도 있기는 합니다. 하지만 그조차 따지고 보면 그래야 행복해지기 때문에 그리하는 것입니다.

　행복을 갈망하는 욕구를 채우기 위해 대부분의 사람들은 다양한 대상과 물질, 활동, 마음 상태, 인간관계의 영역에서 끊임없이 헤매며 탐색하고 있습니다. 동시에 자신의 행복을 위협한다고 여겨지는 사람이나 사물에는 반발하며 저항하지요. 따라서 탐색과 저항은 사람들이 지닌 가장 기본적인 두 가지 충동으로, 생각과 감정 및 그에 따르는 행위와 인간관계를 지배합니다.

탐색하는 행위와 저항하는 행위는 근본적인 결핍 또는 고통을 불가피하게 드러냅니다. 그러나 대부분의 사람들은 자신이 느끼는 고통의 근본 원인이 무엇인지에 대해 아무런 의문도 품지 않습니다. 그저 다양한 대상과 물질, 행동, 마음 상태, 인간관계에서의 성취를 통해 고통이 주는 불편함을 회피하려고만 하지요. 혹시 의문을 품는다 하더라도, 추구하는 대상이나 만족이 결핍되었기 때문이라고 생각하거나 피하고 싶었던 상황을 맞닥뜨렸기 때문이라고 여기고는 합니다. 결국 고통의 근본적인 이유를 찾아내지 못하게 되지요.

물론 행복이 대상적 경험objective experience에 좌우된다는 믿음에 아무런 근거가 없는 것은 아닙니다.[2] 우리는 원하는 대상이나 경험을 얻을 때마다, 혹은 불편한 상황으로부터 벗어날 때마다 잠시나마 행복감을 느낄 수 있기 때문입니다.

하지만 원하는 것을 손에 넣거나 원하지 않는 것으로부터 벗어남으로써, 근본적인 고통을 잠시나마 멈추고 잠깐의 행복을 얻는다 할지라도 그 바탕에 깔린 고통을 뿌리 뽑거나 영구적으로 없앨 수는 없습니다. 단지 고통을 잠시 가리는 것일 뿐이지요.

대상, 물질, 활동, 마음 상태, 인간관계 등이 주는 만족감이 약해지거나 아예 없어져 버리는 순간, 혹은 피하려고 했던 상황이 다시 나타나는 순간 행복은 사라지고 숨어 있던 고통이 다시 모습을 드러냅니다.

그러면 대부분의 사람들은 행복했던 순간이 반복되기를 바라면서, 이전과 마찬가지로 원하는 대상적 경험을 추구하거나 싫어하는 대상적 경험을 회피하려고 합니다. 결국 사람들은 결핍, 탐색, 일시적인 충족이라는 무한한 순환에 중독되어 버리고 맙니다. 그래서 헨리 데이비드 소로Henry David Thoreau는 대부분의 사람들이 "조용히 절박한 삶을 살아간다"라고 말하기도 했지요.

사람들은 절망을 이럭저럭 관리하며 살아가고 있습니다. 물질을 통해 절망감을 치료하고, 대상을 손에 넣어 절망감을 마비시키며, 낭만이나 명상적 체험을 통해 절망으로부터 회피하고, 여러 활동과 인간관계를 경험하며 자신의 주의를 딴

데로 돌리며 살아가는 것이지요.

그렇게 살아가더라도 때로 사람들은 자연스럽게, 어떤 사람들은 책을 읽다가, 어떤 사람들은 친구와 이야기를 나누다가 불현듯 의구심을 품게 됩니다. 과연 대상적 경험이 정말로 자신이 바라는 지속적인 평온함과 행복을 가져다 줄 것인지에 대해 의문을 갖게 되는 것이지요. 한편 좌절감이나 무력감에 휩싸이게 된 많은 사람들이 이러한 직관을 얻게 되기도 합니다.

대부분의 독자 여러분은 평온함과 행복을 갈망하는 자신의 욕망을 대상적 경험으로는 절대로 채울 수 없다는 사실을 이미 이해했거나 직감적으로 깨달으셨기 때문에 이 책을 읽고 계시겠지요. 아마도 독자 여러분은 대상적 경험을 통해서는 그동안 평온함과 만족감을 충분히 얻지 못하셨을 것입니다. 그래서 자신의 정체성과 안전과 행복을 대상적 경험에서 찾고자 하는 마음이 사그라들고 있을 것입니다.

이러한 깨달음이나 직관은 사람이 느낄 수 있는 가장 심오하면서도 혼란스러운 인식이며, 위기감을 불러일으키고는 하지요. 이 책의 목적은 바로 이러한 혼란을 탐구하고 해결하는 것입니다.

* * *

이러한 깨달음에 도달하고 나면 더 이상 대상적 경험에서 지속적인 평온함이나 행복을 찾으려는 시도를 할 수가 없게 됩니다. 이러한 직관을 자꾸 잊어버리고 대상적 경험에서 만족감을 찾으려 하면 할수록 그것이 불가능하다는 사실만을 점점 더 자주, 더 강하게, 더 분명하게 깨닫게 마련이지요. 이러한 직관을 무시하다가는 결국 파멸에 이르게 될 것입니다.

어떠한 신이나 스승, 만트라, 호흡 훈련 등에 집중하는 기존의 종교적, 영적 수행은 모두 대상적 경험에 불과합니다. 시간이 지날수록 이러한 대상적 경험을 통해서는 더 이상 평온함과 행복을 얻을 수 없다는 것이 분명해지겠지요. 그렇다면 이제 단 하나의 가능성만이 남습니다. 진정한 평온함과 행복이란 마음이 외적인 대상이 아니라 스스로에게 향하도록 해야,

즉 마음의 본성을 탐구해야지만 얻을 수 있다는 것이지요.

대상적 경험의 내용으로부터 벗어나 대상적 경험의 근간을 이루는 원천이나 본질로 마음이 향하도록 하는 것이야말로, 명상이나 기도의 본질입니다. 이것이 바로 '내면으로 향하는 길'이며, 스스로를 기억하고 자기 기억, self-remembering, 스스로를 탐구하고 자기 탐구, self-enquiry, 스스로를 지켜가는 자기 준수, self-abidance 길, 굴복surrender의 길입니다.[3] 이 책에서 모색하는 직접적인 길Direct Path이 바로 그 정점이라 할 수 있지요.

성경에 나오는 돌아온 탕아의 이야기에도 이와 같은 과정이 담겨 있습니다. 탕아는 안전하고 편안한 아버지의 왕국을 떠나 세속이라는 대상적 경험이 제공하는 온갖 쾌락과 만족을 추구하다가 결국 모든 것이 헛된 것임을 깨닫습니다. 마침내 아들은 자신의 아버지라는 행복의 원천으로 되돌아옵니다. 사실 그는 언제라도 되돌아올 수 있었습니다. 하지만 경험이라는 극적인 대상에 매료되어 있었을 때에는 행복의 원천이 보이지 않는 법이지요.

이처럼 포기하고 뒤돌아설 때, 우리는 고통에 대한 집착에서 벗어나 고통을 겪는 자신의 본질에 관심을 갖기 시작합니다. 우리는 경험의 대상으로부터 고개를 돌려 경험의 주체를 들여다보기 시작합니다.

이러한 과정에서 마음이 알아차림의 빛의 방향을 경험하는 대상이 아니라 자신의 본질로 향하게 할 때, 마음은 점진적으로, 때로는 갑자기, 자신의 한계에서 벗어나게 됩니다. 그럼으로써 지금까지 대상적 경험 속에서 찾아 헤매었던 평온함과 행복이 바로 자신의 모습임을 발견하게 됩니다.

평온함과 행복이란 우리 마음이 때때로 갖게 되는 대상적 경험이 아닙니다. 그것은 마음 그 자체의 본성입니다. 행복은 우리의 본성입니다. 소란스러운 대상적 경험은 행복을 희미하거나 가려진 것처럼 보이게 할 뿐, 결코 완전히 소멸시킬 수는 없습니다.

그리하여 삶의 궁극적인 목표인 지속적인 평온함과 행복은 늘 우리 안에 있으며, 누구든지 언제든 어떤 상황에서든 얻을 수 있는 것이라고 모든 위대한 종교와 영적인 전통들이 가르치고 있습니다.

* * *

평온함과 행복이 우리 자신의 본질이라면, 왜 우리는 항상 평온함과 행복을 경험하지는 않는 것일까요? 당연히 떠오르게 마련인 의문입니다. 왜 다른 일반적인 경험과 마찬가지로 행복도 가끔씩 경험하게 되는 것일까요? 행복과 불행 모두 알아차림 안에서 번갈아 생겨나는 대상적 경험이 아닐까요?

회색 구름으로 꽉 찬 흐린 하늘을 떠올려보세요. 어느 순간 구름이 조금 사라진 곳에서는 파란 조각하늘이 조금 보입니다. 곧이어 여기저기서 파란 하늘들이 조금씩 보인다고 합시다. 파란 조각하늘들은 서로 아무런 연관도 없이 회색 구름의 움직임에 따라 제각기 나타났다가 사라지고는 하겠지요.

이렇게 구름 덮인 하늘을 바라보자면 하늘이란 원래 회색 구름으로 꽉 찬 공간이고, 파란 조각하늘은 제한적이고도 일시적으로 구름 안에서 잠시 나타나는 것이라고 믿을 수도 있겠습니다. 하지만 파란 조각하늘을 자세히 탐구해보면 사실 그것은 늘 존재하는 하늘의 일부가 살짝 드러난 것이며 회색 구름이 오히려 파란 하늘 안에서 일시적으로 나타났다가 사라지곤 하는 것이라는 점이 분명해집니다.

행복이라는 우리의 본래적인 상태가 잠시 드러나는 순간은 마치 잿빛 구름 사이로 파란 조각하늘이 살짝 드러나는 것과도 같습니다. 대부분의 사람들에게 행복이라는 것은 그저 불만족이라는 구름이 잠시 없어진 일시적인 상태에 불과하며, 사람들은 그 행복한 상태로부터 얼른 도망가 버리고는 하지요. 하지만 우리가 마음mind•의 본래적 모습을 깊이 탐구해본다면, 즉 생각, 느낌, 감각, 지각의 여러 층위를 뚫고 내려가서 우리 마음의 본질적이고도 환원 불가능한 실체에 도달하게 된다면 우리는 항상 그곳에서 파란 하늘과도 같은 평온함과 온전한 충족을 발견하게 될 것입니다.

하늘의 파란 조각처럼 행복은 처음에는 가끔 발생하는 일시적인 경험의 형태로 나타납니다. 하지만 좀 더 탐구해보면

• 여기서의 '마음mind'은 '경험experience'과 같은 의미로 사용되었으며, 모든 생각과 상상, 느낌, 감각, 인지를 포함합니다.

행복은 항상 존재하며, 우리 경험의 이면에서 언제나 접할 수 있다는 사실이 드러납니다.

이렇듯 행복은 불행과 더불어 번갈아 일어나는 일시적인 경험이 아닙니다. 파란 하늘과 구름이 서로 반대가 아니듯이, 행복과 불행이 서로 반대는 아닙니다. 구름이 파란 하늘을 잠시 가리고 있듯이 불행은 행복을 잠시 가리고 있는 것입니다.

행복이란 우리의 본성이며, 어떤 조건과 상황에서도 마음의 원천에, 우리 자신의 핵심부에 존재하고 있습니다. 행복은 획득될 수 있는 것이 아닙니다. 다만 드러날 수 있을 뿐입니다.

우리는 대상적 경험의 일종으로 행복을 경험할 수는 없습니다. 행복은 우리의 본래적 상태이기 때문입니다. 우리는 그저 행복 그 자체가 될 수 있을 뿐입니다. 우리는 불행 그 자체가 될 수는 없습니다.

불행은 우리가 대상적 경험만으로 알아차릴 수 있기 때문입니다.

* * *

가장 깊고 본질적인 내면에 존재하는 평온함과 행복에 도달하기 위하여, 대부분의 명상은 마음을 가라앉히고, 마음에 집중하고, 마음을 관찰하라고 가르칩니다. 여기서 명상은 새로운 경험을 추구하는 것이 결코 아닙니다. 다만 마음의 본질을 명료하게 보고자 하는 것입니다.

대상적 경험으로만 향하기 마련인 마음의 주의를 내면으로 향하도록 해서 스스로의 본래적이고도 실체적인 모습을 발견하고자 하는 길이 곧 "직접적인 길Direct Path"입니다. "직접적인 길"은 제 경험에 비추어볼 때 베단타Vedanta 전통에 가장 잘 나타나 있는데, 베단타 철학은 내면을 찾는 모색과 연관된 철학뿐만 아니라 구체적인 수행 방법에 대해서도 매우 정교하게 잘 설명하고 있습니다. 베단타 철학은 본질적이고도 환원 불가능한 사람의 마음에, 즉 지속적인 평온함과 행복의 원천에 직접적으로 다가가는 수단을 제시합니다.[4]

그러나 지난 수 세기에 걸쳐서 베단타 철학은 사람들의 이해 수준과 문화적 조건에 따라 내용이 수정되어왔고 이에 따라 베단타 철학의 핵심 요소와는 거리가 먼 것들까지 마구 뒤섞이게 되었습니다.

이 책에서 저는 우리가 베단타 철학을 처음 만나게 될 때 마주치게 마련인 동양적 전통이라는 문화적 포장 요소를 모두 다 제거하고 베단타 철학의 정수만을 뽑아내서 제시하고자 최대한 노력하였습니다. 물론 이 책 또한 현대적 문화 요소에 영향을 받기는 하겠지만, 대부분의 독자 여러분과 저는 현대 문화라는 동일한 문화적 조건을 공유하고 있기에 베단타 철학을 신비화하거나 애매모호하게 할 가능성은 거의 없을 것이라 생각합니다.

저의 첫 스승인 프랜시스 롤스Francis Roles 박사는 "진리는 모든 세대에 의해 매번 새롭게 재구성되어야 한다"라고 말했습니다. 저는 이 책을 통해 "직접적인 길"을 재구성하고자 합니다. 동양 문화권에 직접 가보지는 않았다 하더라도 지적으로는 이미 익숙하신 분들도 불이론non-dual understanding을 둘러싸고 있는 낯설고 이국적인 개념 때문에 불이론의 단순한 핵심을 간파하기가 어려웠을 것입니다. 이러한 분들뿐만 아니라 전통적인 종교나 영적 가르침의 영향을 받지 않고 그저 진리를 탐구하려는 새로운 세대들에게도 "직접적인 길"을 제시하고자 합니다.

그러나 이 책에서 모색하는 '내면으로 향하는 길'이란 전체 여정의 절반에 불과하다는 점을 알아두어야 합니다. 일단 본질적이고 환원 불가능한 마음의 본성을 깨닫게 된다면, 그리하여 마음에 내재된 평온함과 무조건적인 기쁨에 접근할 수 있게 된다면, 그 다음 여정은 외부 세계에 대한 대상적 경험으로 우리의 주의를 돌리는 것입니다. 즉, 우리가 얻은 내면에 대한 새로운 이해를 토대로 생각하고 느끼고 그에 따라 행동하고 지각하고 관계를 맺는 모든 방식을 재구성해야 합니다.

내면으로 향하는 길의 정점은 모든 지식과 경험을 초월하는 알아차림입니다. 종교적으로 말하자면 영성이나 무한한 신의 존재와 탁월성과 그 본성을 깨닫는 것입니다. 그러나 이는 아직 알아차림 그 자체 혹은 신의 본성를 완전히 이해한 상태는 아닙니다.

알아차림 그 자체를 완전히 이해한다는 것은 알아차림이 세상에 대한 앎과 경험에 충만해 있음을 깨닫는 것입니다. 그리하여 모든 사물과 실체의 존재의 유일한 근원이 알아차림임을 깨닫는 것입니다. 말하자면 알아차림은 모든 것을 초월하고 있을 뿐만 아니라 모든 것에 이미 내재되어 있음을 깨달아야 합니다.

이러한 깨달음과 우리의 대상적 경험을 통합해 내지 못한다면, 본질적이고도 환원 불가능한 순수한 알아차림의 본성과 다른 모든 사물들과의 관련성을 유지할 수 없게 됩니다. 그리하여 이 세상 속에서의 체화된 삶을 부정하거나 거부하게 되고, 결국 개별적 자아separate self라는 도피처로 자꾸 되돌아올 수밖에 없게 됩니다.

이러한 재통합이나 확립이 발생하는 과정은 내면으로 향하는 길이나 베단타 철학에도 내재되어 있기는 합니다. 이에 대해서는 탄트라Tantra 철학이 가장 잘 설명하고 있는 것으로 보이지만, 이 책의 범위를 벗어나는 탐구입니다.*

저는 2017년부터 출간하고 있는 "명상의 정수 시리즈The Essence of Meditation Series"를 통해 "알아차림"과 "대상적 경험" 사이의 명백한 구분이 무너지는 것을 탐구하고자 합니다. 그러나 이 책에서는 알아차림이 늘 지금 여기에 있다는 것과 다른 모든 것에 우선한다는 것을 발견하는 데 집중하고, 그럼으로써 결코 깨지지 않는 평온함과 무조건적인 기쁨이 알아차림의 본질적 특성이라는 것을 밝히도록 하겠습니다.

• 이러한 재통합 과정에 대해 좀 더 알아보고자 하는 분들께는 사하자Sahaja 출판사에서 출간한 저의 명상 시리즈인 『투명한 몸, 빛나는 세상: 감각과 지각의 탄트라 요가Transparent Body, Luminous World: The Tantric Yoga of Sensation and Perception』를 추천합니다. 탄트라 철학에 대해 좀 더 알아보고 싶다면 사하자 출판사와 뉴하빈저New Harbinger 출판사가 공동 출간한 『의식의 본질: 마음과 물질의 통일성에 대하여The Nature of Consciousness: Essays on the Unity of Mind and Matter』를 참고하시기 바랍니다.

알아차리기

우리는 어떠한 대상을 경험하는 순간, 이미 그러한 경험을 하고 있다는 사실을 "알게" 됩니다. 우리는 모든 대상적 경험 objective experience*을 알아차립니다. 경험하고 있다는 사실 그 자체를 알아차리지 못하면서 무언가를 경험하기란 불가능합니다. 현재 하고 있는 생각, 어린 시절의 기억, 현존하는 어떤 감정이나 느낌, 고통이나 배고픔의 감각, 자동차의 소음, 지금

---

* 여기서 '경험'이란 생각, 이미지, 기억, 느낌, 감각 등 내면의 경험과 시각, 청각, 미각, 촉각, 후각 등 외부 세계에 대한 지각 모두를 일컫습니다. 이러한 경험은 항상 어떠한 대상에 관한 것이어서 이를 '대상적 경험'이라 부릅니다.

읽고 있는 글, 창문 밖으로 보이는 경치 등, 우리는 이 모든 것을 경험하면서 동시에 그러한 사실을 알아차리게 됩니다. 이처럼 알기* 혹은 알아차리기는 모든 경험에 내재되어 있습니다.

우울할 때, 쓸쓸할 때, 슬플 때, 기쁠 때, 평온할 때, 사랑에 빠질 때, 불안할 때, 지루할 때, 질투할 때, 흥분할 때, 행복할 때 우리는 그렇다는 것을 알아차리고 있습니다. 생각할 때, 먹을 때, 걸을 때, 운전할 때, 춤출 때, 공부할 때, 꿈을 꿀 때, 환각에 빠질 때 우리는 그렇다는 것을 알아차리고 있습니다. 무언가를 생각하고, 무언가를 느끼고, 무언가를 인식하고, 무언가를 할 때, 우리는 그렇다는 것을 알아차리고 있습니다.

앎이나 경험의 내용과는 상관없이, 알게 되거나 경험하는 것이 어떤 것이든, 우리는 알아차리고 있습니다.

---

* 이 책에서 "알기knowing"는 알아차리기being aware, 알아차림awareness, 의식consciousness과 같은 의미로 사용되고 있습니다. 여기서의 "알기"는 개념적 지식을 의미하는 게 아닙니다. 알게 되거나 경험하는 것과는 상관없이, 그야말로 안다는 것 자체의 경험을 뜻합니다.

그러므로 알아차리는 것은 변화하는 모든 지식과 경험 속에서 지속되는 요소입니다. 깨어 있을 때, 꿈을 꿀 때, 잠을 잘 때도 변함없이 존재하는 요소입니다. 다른 어떠한 경험적 요소도 이처럼 지속적이지 않습니다.

사실 알아차리기란 시간의 흐름 속에서 존재하는 연속적인 사건이 아닙니다. 오히려 알아차리기는 시간을 초월해서 지금 여기에 현존하는 것이지요. 그러나 우리에게는 시간의 흐름이라는 개념이 너무도 익숙하므로, 여기서는 일단 알아차리기가 모든 경험 속에서 지속적으로 존재한다고 해두겠습니다.

생각, 이미지, 느낌, 감각, 지각처럼 모든 대상적 경험은 나타나고 사라집니다. 하지만 알아차리는 경험은 절대로 나타나거나 사라지지 않습니다. 이러한 경험은 변화하는 모든 경험 속에서 존재합니다. 영화가 상영되는 내내 하얀 스크린은 항상 존재하듯이 말이지요.

알아차림은 모든 경험에 세세하게 스며들지만, 어떤 특정 경험 때문에 바뀌는 일은 결코 없습니다.

생각, 느낌, 감각, 지각은 우리의 삶 속에서 끊임없이 변화하고 있지요. 하지만 이러한 변화들을 알게 하는 앎, 즉 알아차리기라는 순수한 경험은 마치 하얀 스크린처럼 항상 존재합니다.

지식과 경험은 언제나 변화하지만, 그것에 대한 알아차림은 결코 변하지 않습니다.

경험하는 대상은 항상 변화하지만, 그것에 대한 알아차림은 늘 그대로입니다.

* * *

알아차리기와 경험의 관계는 빗대어 말하자면 영화관에서의 스크린과 영상의 관계와 비슷하다고 할 수 있습니다. 어떤 의식 있는 스크린이 자기 자신 위에 비춰지는 영상을 경험하고 있는 상태를 생각해 보세요. 평범한 텔레비전 스크린이란 그저 소파에 앉아 있는 어떤 누군가가 바라보며 경험할 뿐입니다. 하지만 스스로를 알아차리고 있는 스크린은 자기 자신

위에서 상영되고 있는 영화를 직접 경험하고 있습니다.

알아차리기는 접근하기 어렵거나, 알려지지 않았거나, 우리 안에 숨겨져 있는 것이 아닙니다. 알아차리기는 모든 경험의 뒤에서 환하게 빛나고 있는 배경과 같습니다. 마치 영화가 배경으로 깔린 상태에서 스크린이 선명하게 보이는 것처럼 말입니다.

그러나 영화가 상영되는 동안에는 영화의 내용에 빠져 스크린 그 자체를 간과하게 되지요. 마찬가지로 우리는 경험의 대상에만 모든 관심을 집중하기 때문에 알아차리기 혹은 알아차림 그 자체를 대개 간과하고 있습니다.

알아차리기는 경험의 특정 조건이나 질에 좌우되지 않습니다. 경험이 얼마나 즐겁든 괴롭든, 좋든 나쁘든, 옳든 그르든 상관없이 모든 경험 속에서 똑같이 빛나고 있습니다. 영화 내용과는 상관없이 스크린은 똑같이 보이는 것처럼 말이지요.

알아차리기는 경험의 본질적이고도 환원할 수 없는 요소입니다. 또한 경험의 핵심이기도 합니다. 이는 경험으로부터 제거할 수 없는 경험적 요소입니다.

알아차리기는 절대로 경험에 의해 변하지 않습니다. 결코 움직이지도 흔들리지도 않습니다. 이는 경험에서 유일하게 안정적인 요소입니다.

알아차리기는 모든 지식과 경험의 주된 요소입니다. 또한 모든 지식과 경험이 생겨나는 배경입니다.

알아차리기는 모든 경험이 나타나는 매개체입니다. 모든 경험은 알아차림을 통해 알려집니다. 궁극적으로 알아차림은 모든 경험이 만들어지는 바탕이자 실체입니다.

알아차리기는 모든 앎에 있어서 안다는 것을 아는 것입니다. 알아차리기는 모든 경험에 있어서 경험한다는 것을 경험하는 것입니다.

* * *

영화가 상영되는 동안 스크린은 명백하게 존재하지만, 영화 속의 하나의 대상으로 보이는 일은 결코 없습니다. 이와 마찬가지로 알아차리기는 지식이나 경험의 대상으로서는 결코 나타나지 않습니다. 하지만 모든 지식이나 경험 안에서 분명하게 빛나고 있습니다.

생각, 느낌, 감각, 지각이 대상적 경험이라는 관점에서 보자면, 알아차리기 그 자체는 대상적 경험이 아닙니다. 하지만 우리는 스스로가 알아차린다는 사실을 알아차립니다. 따라서 알아차리기에는 대상적 특질이 없지만 이미 알려져 있습니다.

저는 바로 이런 맥락에서 알아차리기의 '경험'에 대해 말합니다. 그러나 알아차리기를 모든 대상적 지식 및 경험과 구별하기 위하여, 알아차리기의 경험을 비대상적 경험이라고 하겠습니다.

알아차리기 그 자체가 대상적 경험은 아니지만, 알아차리기가 없다면 경험도 존재할 수 없습니다. 이는 경험을 가능하게 만들지만 이 자체가 경험은 아닙니다.

알아차리기는 비대상적이며 투명하고 아무 색도 없습니다. 여기에는 명백한 대상이 전혀 없으며 그 자체로 충만합니다. 따라서 완전히 특이한 경험입니다. 대상으로서는 알 수 없지만 알려지지 않은 것은 아닙니다.

경험에서 가장 명확한 요소이면서도 우리가 늘 간과하고 있는 것이 바로 알아차림입니다.

따라서 이는 카슈미르 시바Kashmir Shaivite 철학 전통에서 "가장 잘 숨겨진 것보다 더 숨겨져 있으면서도, 가장 명백한 대상보다 더욱 명백한, 가장 위대한 비밀"이라 일컬어집니다.

* * *

알아차리기를 인식하기 위해 필요한 전제 조건은 없습니다. 알아차리기의 경험을 인식하기 위해서는 특별한 자격이나 일정 수준의 지능도 필요하지 않습니다.

영화가 상영되는 동안 스크린을 볼 때 아무 노력이 필요하지 않듯이, 알아차리기의 경험을 인식하는 데에는 아무런 노력도 필요하지 않습니다.

알아차리기의 경험을 알아차리기 위해 자신의 생각을 통제하거나, 특정 자세로 앉거나, 명상이라는 행위를 할 필요도 없습니다. 알아차리기라는 비대상적 경험은 가장 단순하고,

가장 가깝고, 가장 명백하고, 가장 자명한 사실 경험입니다.

알아차리기의 경험은 우리가 알아차리는 대상과는 아무런 상관이 없습니다. 어떤 경험도 알아차리기라는 비대상적 경험에 영향을 줄 수 없습니다. 영화에서 무슨 일이 벌어지든, 영화가 상영되는 스크린 그 자체에는 아무런 영향을 주지 않듯이 말이지요.

알아차림이라는 배경을 인지하기 위해 어떤 식으로든 대상적 경험을 바꾸거나 조절할 필요는 없습니다. 두렵든 지루하든 동요하든 우울하든 사랑에 빠지든 평온하든 상관없이, 알아차리기의 경험은 변함이 없습니다.

우리가 허용하지 않는 한 영화에서 벌어지는 그 어떤 특정 상황도 스크린을 가릴 수 없습니다. 마찬가지로 우리가 허용하지 않는 한 그 어떠한 대상적 경험도 알아차리기의 경험을 가리지 못합니다. 그러나 우리가 허용한다면 마치 영화 내용이 스크린의 존재를 가리는 것처럼 보이기도 합니다. 우리가 가리는 것을 허용하지 않을 때 알아차리기의 경험은 자명해집니다.

알아차리기의 경험을 경험의 전면으로 나오게 하고, 생각, 이미지, 느낌, 감각, 지각이 배경으로 물러서게 하십시오. 순수한 알아차리기의 경험에 주목하십시오. 누구나 바라는 평온함과 행복이 바로 거기에 있습니다.

알아차림을 알아차리십시오.

* * *

여러 영적 전통에서 알아차리기의 경험은 의식consciousness 또는 알아차림awareness이라 불립니다. 접미사 '-ness'는 '상태 혹은 존재'를 의미합니다. 그래서 '알아차림'이라는 단어는 알아차리기의 상태나 존재를 의미합니다. '의식'과 '알아차림'이라는 단어는 명사이기 때문에 자칫 순수한 알기knowing나 알아차리기being aware라는 비대상적 경험이 마치 구체적인 경험의 대상인 양 오해를 불러일으킬 수도 있습니다.

이러한 오해는, 의식이나 알아차림은 특별하고 미묘한 종류의 경험이며 우리가 대상적 경험을 하는 것과 동일한 방식으로 발견되거나 알려질 수 있다고 암시합니다. 그 결과 많은 사람들이 깨우침을 얻으려고 거창한 탐색을 시작합니다. 깨우침이란 궁극의 경험이나 마음 상태라고 착각하면서 말이지요.

이와 같은 탐색은 알아차리기라는 경험을 친숙하고 즉각적인 경험으로부터 이탈시켜 오히려 추상적인 것으로 만들어버리는 경향이 있습니다. 그리하여 알아차리기의 경험이란 알 수 없고, 불가사의하며, 낯설다는 인상을 주게 됩니다. 알아차림 또는 의식에 대한 지식은 먼 훗날에나 발견될 수도 있는 비범한 경험이라는 뉘앙스를 풍기고 있지요.

그러나 이와 같은 모색은 대상의 영역에서 행복을 찾으려는 기존의 노력을 다른 방식으로 바꾼 것에 불과합니다. 결국 마찬가지로 좌절에 이를 뿐이지요.

깨달음enlightenment이나 자각awakening은 충분히 힘들게 수련하거나 충분히 오래 명상함으로써 성취할 수 있는 특수한 경험이나 마음 상태가 아닙니다. 단지 마음의 본성 그 자체를 인지하는 것뿐입니다.

알아차리기라는 단순한 경험은 우리에게 가장 익숙하며

가장 잘 알려진 것입니다. 만약 누군가가 우리에게 "당신은 깨어 있나요?Are you aware?"라고 묻는다면, 분명히 완벽하게 확신에 차서 "그렇습니다."라고 대답할 것입니다. 이와 같은 대답은 직접적인 경험에서 나옵니다. 이는 단순히 알아차리고 있다는 분명하고도 즉각적인 경험입니다.

반면에 누군가가 "의식consciousness은 존재하나요?"라거나 "알아차림은 무엇인가요?"라고 묻는다면, 우리는 단어들의 의미가 정확히 무엇인지에 대해 고민하며 머뭇거릴 것입니다. 그러니 이 책에서 '알기knowing'나 '알아차리기being aware' 대신에 '의식consciousness'과 '알아차림awareness'이라는 단어가 나온다고 해도 모두 '알아차리기'라는 의미로 이해해주기 바랍니다.

이러한 단어들은 모두 알아차림이라는 자명하고도 친숙한 비대상적 경험을 의미하는 것이라고 이해하시면 됩니다. 그러한 알아차림은 우리 모두가 다 공유하고 있는 것이고 앎과 경험 속에 다 들어 있는 것이지요.

* * *

알아차리기의 경험이 가장 직접적이고도 즉각적인 경험이라는 사실을 깨닫게 되면, 알아차리기를 경험하는 주체는 누구일까 혹은 무엇일까에 대한 의문이 생겨날 수도 있습니다. 안다는 경험을 아는 자는 과연 누구일까요? 알아차리기를 알아차리는 자는 누구일까요?

알아차리기의 경험을 하는 존재를 보통 "나"라고 부릅니다. 나는 내 친구가 무슨 생각을 하는지를 알아차립니다. 나는 어린 시절의 기억을 알아차립니다. 나는 슬픔, 쓸쓸함, 부끄러움을 느낀다는 것을 알아차립니다. 나는 내 집의 이미지를 알아차립니다. 나는 고통스럽거나 배고프다는 느낌을 알아차립니다. 나는 내 방의 모습이나 자동차의 소리를 알아차립니다.

이러한 각각의 사례에서 '나'는 모두 알아차리고 있습니다. '나'라는 것은 모든 지식과 경험을 알아차리는 자에게 우리가 붙여준 이름입니다. 이처럼 '나'는 모든 지식과 경험 속에서 앎의 핵심 요소 혹은 알아차림의 핵심 요소입니다. '나'는 알아차림 그 자체입니다.

따라서 "알아차리기를 알아차리는 자는 누구인가?"라는 질문은 곧 "내가 알아차리는 것을 아는 자는 누구인가? 혹은 무엇인가?"로 바꿀 수 있습니다. 알아차리기를 알아차리는 자가 '나'일까요? 혹은 내가 아닌 타인이나 무언가에 의해 알려진 알아차리기의 경험일까요?

내가 알아차리고 있다는 사실을 알아차리는 자는 분명히 나입니다. 즉, 알아차림을 알아차린 자는 "나-알아차림I, awareness"입니다. 알아차림이 존재한다는 것을 알아차리는 것도 알아차림입니다. 그러므로 알아차리기 또는 알아차림 그 자체는 스스로에 대한 알아차림self-aware입니다. 태양이 스스로 빛나듯이, 알아차림도 스스로를 압니다.

알아차림은 스스로를 알아차립니다. 생각, 느낌, 감각, 지각을 알기 전부터 말이지요. 알아차림의 본질은 자기 자신itself을 알아차리는 것입니다. 그러므로 알아차림은 자기 자신을 알아차리는 것이 주된 경험입니다.

"나는 알아차린다"라는 경험은 곧 알아차림의 자기 자신에 대한 앎입니다. 그러므로 스스로에 대한 우리의 앎은 알아차림의 자기 자신에 대한 앎입니다.

태양은 스스로 빛나기 위해 특정 방향으로 빛을 보낼 필요가 없습니다. 마찬가지로 알아차림도 스스로를 알기 위해 자신의 "주의attention"를, 즉 앎의 빛을 특정한 방향으로 보낼 필요가 없습니다.

사실 태양이 빛을 어느 방향으로 보내든 자기 자신보다는 다른 무언가를 비추게 마련이지요. 마찬가지로, 알아차림이 앎의 빛을 어느 방향으로 보내든 자기 자신보다는 다른 무언가에 대해 알게 될 뿐입니다.

그러므로 스스로를 알기 위해서 알아차림은 어떤 특별한 행동을 하거나 앎의 빛을 어떤 특정 방향으로 향하게 할 필요가 없습니다. 알아차림이 스스로를 아는 데에는 아무런 노력도 필요하지 않습니다. 사실 어떤 노력을 기울이면 기울일수록 알아차림을 스스로에게서 앗아갈 뿐입니다.

알아차림은 그저 알아차림이기에 스스로를 아는 것입니다

알아차림의 본질

영화의 내용 때문에 스크린 자체가 요동치는 일은 결코 일어나지 않지요. 마찬가지로 알아차림 그 자체가 경험의 내용 때문에 방해 받는 일도 절대로 없습니다.

생각이 뒤흔들리고, 감정이 고통스럽고, 몸이 아프고, 세상이 어지러워질 수는 있습니다. 하지만 순수한 알아차림 그 자체는 이러한 경험 중에 일어나는 그 어떤 것에도 동요하지 않습니다. 따라서 알아차림의 본질은 평온함 그 자체입니다.

이 평온함은 마음이나 몸 또는 세상의 상대적인 평화로움에 달려 있기에 언제라도 깨져버릴 수 있는 그런 허술한 평온함이 아닙니다. 경험의 배경에서 항상 존재하는 본래적인 평온함이며, 마음의 활동 여부와는 상관이 없고, 오히려 그에 앞서는 평온함입니다. 즉 인간의 '이해를 넘어서는passeth understanding' 평온함입니다.[5]

경험하는 중에 발생하는 어떤 것도 알아차림의 경험을 늘리거나 줄이지 못합니다. 영화 속에서 무슨 일이 벌어지든 스크린에는 아무것도 추가하거나 없애지 못하는 것과 마찬가지입니다.

알아차리기는 지식을 습득하거나 특정 경험을 한다고 해서 결코 강화되지도 않고 손상되지도 않습니다. 알아차리기는 경험에서 아무것도 필요로 하지 않고 아무것도 두려워하지 않습니다. 특정 경험으로부터 아무것도 얻지 않으며 아무것도 잃어버리지 않습니다.

알아차림은 그 자체로 온전하며 완전하고 충족되어 있습니다. 알아차림의 본질이란 행복 그 자체입니다. 여기서 말하는 행복은 마음, 몸, 세계의 상태에 좌우되지 않습니다. 모든 상태, 환경, 조건으로부터 자유로우며, 독립적이고 이유 없는 기쁨입니다.[6]

이러한 까닭에 크리슈나무르티 J. Krishnamurti 는 제자들에게 남기고 싶은 가장 중요한 하나의 가르침이 무엇이냐는 질문에 이렇게 대답했습니다. "무슨 일이 일어나든 마음을 쓰지 않습니다 I don't mind what happens." [7]

영화가 상영되는 스크린 그 자체는, 영화 속 등장인물이나 사물의 특성, 특징, 한계를 공유하지 않습니다. 비록 스크린만이 영화에서는 유일한 실체임에도 불구하고 말이지요. 마찬가지로 알아차림은 경험되는 대상의 특성, 특징, 한계를 공유하지 않습니다. 따라서 알아차림에는 어떠한 제한도 없으며 무한합니다.

영화가 상영되는 스크린 그 자체는 영화 속에서 일어나는 어떤 것에도 영향 받지 않습니다. 마찬가지로 알아차림 그 자체는 경험 속에서 일어나는 어떤 것에 의해서도 조건 지워지지 않습니다. 알아차림 그 자체는 마음의 본질적이고도 환원 불가한 핵심이며, 대상적 경험이라는 형태에 의해 조건 지워지지 않습니다. 따라서 무조건적입니다. [8]

* * *

영화에 몰입하는 상황에서, 맨 처음에는 영상 뒤에 스크린이 있다는 것을 느낄 수 있습니다. 마찬가지로 우리는 경험에 사로잡힐 때 단순한 알아차리기의 경험 또는 알아차림 그 자체를 간과하게 마련이지만, 그래도 맨 처음에는 경험의 배경에 알아차림이 있음을 느낄 수도 있습니다.

이와 같은 첫 번째 단계에서는 알아차림이 모든 대상적 경험을 주관적으로 목격하는 것처럼 여겨집니다.

좀 더 자세히 살펴보면 스크린이 영상의 배경으로 단순히 깔려 있다기보다는 영상의 모든 곳에 배경으로 스며들어 있다는 점을 알게 됩니다.

마찬가지로 알아차림은 모든 경험에 스며들어 있습니다. 모든 경험은 알아차림 그 자체의 경험으로 가득 차 있습니다. 생각, 느낌, 감각, 지각 등 어떠한 경험도 알아차림과 한데 섞이지 않는 것이 없습니다.

이와 같은 두 번째 단계에서의 깨달음은 알아차림과 그 대상 사이의 구분을 최소한 어느 정도는 무너뜨립니다.

다음으로 세 번째 단계에서는 알아차림 그 자체가 모든 경험에 스며든다는 주장이 더는 타당하지 않음을 이해하게 됩니다. 마치 경험과 알아차림이 애초에는 별개였던 것처럼 말하고 있으니 말이지요.

하나의 이미지에 스크린이 전부이듯이, 모든 경험에는 순수한 알기, 즉 알아차림이 전부입니다.[9]

생각이라는 경험에는 생각하기가 전부이며, 생각하기에는 알아차림이 전부입니다.

감정이라는 경험에는 느낌이 전부이며, 느낌에는 알아차림이 전부입니다.

감각이라는 경험에는 감각하기가 전부이며, 감각하기에는 알아차림이 전부입니다.

지각이라는 경험에는 지각하기가 전부이며, 지각하기에는 알아차림이 전부입니다.

따라서 경험에는 알아차림이 전부이며, 이 알아차림을 아는 것이 바로 진정한 앎입니다. 완전히 혼자이며, 그 자체 내에 제한되거나 쪼개지게 되는 것 없이 그 자체로만 존재하는 앎, 즉 순수한 알아차림은 온전하며, 완벽하고, 완전하며, 나눌 수 없고 아무런 한계가 없습니다.

이원론, 분리, 다름으로부터 벗어날 때 우리는 사랑과 아름다움을 경험합니다. 이때 사물, 타인, 세상 등과 나의 구분이 무너지게 됩니다.

따라서 사랑과 아름다움은 알아차림의 본질입니다. 사랑이나 아름다움에 대한 친숙한 경험 속에서 알아차림은 자신의 영원하고 무한한 현실을 맛보고 있습니다. 그래서 화가 폴 세잔Paul Cezanne은 예술이 우리에게 "자연의 영원함"을 맛보게 해준다고 말했습니다.

* * *

영화 속 등장인물이 세상을 여행하더라도 스크린의 유일한 실체와 현실은 그대로입니다. 마찬가지로 마음이 온갖 생각, 상상, 느낌, 감각, 지각의 형태로 끊임없이 움직이더라도 순수한 알아차림 그 자체의 실체와 현실은 그대로입니다.

마음이라는 형식을 띤 알아차림은 움직이지 않으면서도 움직입니다.

영화로 인해 스크린에 색채가 입혀지지만 스크린이 그 색채로 오염되지는 않습니다. 마찬가지로 알아차림은 경험에 의해 색채가 입혀지지만 경험 안에서 발생하는 무언가에 인해 변색되거나 훼손되는 일은 결코 일어나지 않습니다. 순수한 알아차림 그 자체는 언제나 본연 그대로의 상태입니다.[10]

어떤 경험도 자아를 알아차리는 본질적 존재에는 아무 흔적을 남기지 않습니다.

스크린은 영화 속에서 일어나는 모든 것에 완전히 무방비 utterly defenceless 상태입니다.[11] 하지만 스크린 위에서 무슨 일이 벌어지든 스크린은 절대로 파괴되지는 않지요. 마찬가지로 알아차림은 모든 경험에 대해 완전히 열려 있고 무방비 상태이지만, 결코 해를 입거나 무너지지 않습니다.

알아차리기의 경험은 2분 전이든 2일 전이든 2개월 전이든 2년 전이든 20년 전이든 상관없이 지금과 완전히 똑같습니다. 다섯 살이었을 때의 경험을 아는 알아차림은 현재의 경험을 아는 알아차림과 완전히 동일합니다.

따라서 알아차림 그 자체에는 본질적으로 나이가 없습니다. 바로 그래서 우리는 나이를 먹어도 정말로 늙는 것은 아니라고 느끼게 되지요. 나이가 들수록 오히려 예전부터 지금까지 늘 동일한 사람이었다는 사실을 더욱 강하게 느끼게 되는 것입니다.

시간의 흐름 속에서도 동일하다고 느끼는 나 자신의 동일성이야말로 곧 알아차림의 동일성입니다.

마찬가지로 가장 지적인 생각을 아는 알아차림은 가장 바보 같은 생각을 아는 알아차림과 동일합니다.

고통, 긴장, 동요의 감각을 아는 알아차림은 기쁨, 느긋함, 따뜻함의 감각을 아는 알아차림과 동일합니다.

분노, 슬픔, 비탄의 경험을 아는 알아차림은 고마움, 친절, 즐거움의 경험을 아는 알아차림과 동일합니다.

* * *

우리의 마음은 알아차림이 몸 안에 있고, 따라서 몸이 지닌 한계와 운명을 공유한다고 믿고 있습니다.

그러므로 마음은 몸이 태어날 때 알아차림이 태어난다고 생각합니다. 또한 몸이 늙고 병이 들 때 알아차림도 늙고 병이 든다고 생각합니다. 육체가 죽고 사라지면 알아차림도 죽고 사라진다고 생각하는 것이지요.

하지만 영화 속 인물이 태어날 때 스크린이 태어나는 것은 아닙니다. 영화 속 인물이 늙어도 스크린은 늙지 않습니다. 영화 속 인물이 죽어도 스크린은 죽거나 사라지지 않습니다.

마찬가지로 몸이 생기거나 태어날 때 알아차림이 태어나는 것은 아닙니다. 몸이 늙어도 알아차림은 늙지 않습니다. 그리고 몸이 죽거나 사라져도 알아차림은 죽거나 사라지지 않습니다. 알아차림은 항상 영원히 똑같은 상태로 존재합니다.[12]

알아차림은 스스로의 등장과 사라짐, 즉 시작과 끝, 탄생과 죽음을 결코 경험하지 않습니다. 이러한 경험이 있다고 주장하려면 알아차림은 스스로가 나타나거나, 시작하거나, 탄생하기도 전부터 존재해야 하겠지요. 또한 스스로가 사라지거나, 끝나거나, 죽은 후에도 존재해야만 하겠지요.

유한한 마음은 알아차림이 깊은 잠 속으로 사라진다고 상상합니다. 하지만 사실은 알아차림의 경험에서 유한한 마음이 깊은 잠 속으로 사라지는 것이고, 알아차림만이 홀로 남는 것입니다.

깊은 잠에 빠지는 것은 알아차림의 부재가 아니라, 부재에 대한 알아차림입니다.

알아차림은 스스로에 대해 알 수 있는 유일한 존재입니다. 스스로를 경험하는 알아차림은 태어나지도 않고 죽지도 않습니다. 그렇기에 알아차림은 영원합니다.

영화 속 인물이 병에 걸려도 스크린에 아무 일도 일어나지 않지요. 마찬가지로 몸이 병에 걸려도 알아차림에는 아무 일도 일어나지 않습니다.

바로 이런 이유 때문에 자신의 진정한 본질이 순수한 알아차림임을 깨닫는 것은 궁극적인 치유가 됩니다. 만약 자기 자신이 순수한 알아차림이라는 것을, 단순한 알아차림의 경험 그 자체라는 것을 깨닫게 된다면 그 사람은 늘 완벽한 건강을 누리게 됩니다.

알아차림에는 결코 아무런 일도 일어나지 않습니다.

우리 본질의 핵심을
살펴보다

당신이 무엇을 알아차리고 있든 그것에 매료되지 마세요. 대신 알아차림 그 자체의 경험에 관심을 가져보세요.

알아차림을 알아차리세요. 알아차림에 대한 경험은 어떠한 대상에 대한 경험이 아닙니다. 그럼에도 우리는 이러한 비대상적 경험을 분명히 알 수 있습니다.

여러분이 앉아 있는 방에 무엇이 있는지 누군가 물어본다고 생각해 봅시다. 우리는 이런저런 사물들이 있다고 말하겠지요. 하지만 공간이 있다고 대답하시는 분은 거의 없을 것입니다. 공간은 책상, 의자, 책, 컴퓨터 등의 사물처럼 보이지 않기 때문입니다. 그럼에도 불구하고 공간이 경험되지 않는다고

는 주장할 수 없겠지요.[13]

공간과 마찬가지로, 알아차림 그 자체에는 대상적인 특성이나 특징이 없습니다. 이와 같은 비대상성non-objectivity 때문에 사람들은 알아차림 그 자체를 흔히 무시하거나 간과하고는 합니다.

사실 대부분의 사람들은 자신의 경험을 알아차리는 게 누구인지 혹은 무엇인지, 또는 경험이 어떻게 존재하게 되는지에 대해 전혀 의문을 가지지 않은 채 평생을 살아갑니다.

유럽과 미국에서 열린 모임들에서 저는 수천 명의 사람들에게 같은 질문을 해보았습니다. 자신의 경험을 알아차리는 게 누구인지 혹은 무엇인지에 대한 질문을 부모님이나 선생님으로부터 받아본 적이 있느냐는 것이었지요. 그런데 그렇다고 대답한 사람을 아직까지 단 한 명도 본 적이 없습니다.

평생 자연을 담은 풍경화를 그리는 화가를 상상해 봅시다. 풍경을 비춰주는 빛의 존재를 화가가 알아차리지 못할 리는 없을 것입니다. 하지만 대부분의 사람들은 모든 지식과 경험을 비춰주는 알아차림의 존재를 깨닫지 못하고 있습니다.

* * *

　우리들은 생각, 이미지, 느낌, 감각, 지각과 같은 경험의 내용물에 너무나 사로잡힌 나머지, 모든 지식과 경험에 대한 알아차림을 잊어버리고는 합니다.

　알아차림은 모든 경험의 배경에 항상 존재하고 있습니다. 그럼에도 우리는 변치 않는 알아차림의 단순한 경험을 간과하고 있습니다. 우리가 알아차림 그 자체를 무시하는 것이지요. 우리는 스스로가 알아차림의 존재라는 단순한 사실을 간과합니다.

　다시 말해서 우리는 스스로의 본질적인 모습을 잊어버린 것입니다. 그 대신 생각, 이미지, 기억, 느낌, 감각, 지각들이 모인 것이 자신의 모습이라고 착각하고 살아갑니다.

　우리는 우리의 본성이 알아차림의 경험 그 자체라는 사실을 잊어버렸지요. 그래서 대상적 경험이 지니는 특성과 한계가 마치 우리 자신의 특성과 한계인 것처럼 혼동하고 있습니다.

　스크린이 영화 속 사물들의 특성과 뒤섞인 나머지, 스크린 그 자체가 어떤 풍경이 되어버린 모습을 상상해 보세요. 마치 이처럼 영원하고 무한한 알아차림이 대상적 경험과 뒤섞여 자신의 본 모습을 잃어버렸습니다. 순수하고도 영원한 알아차림이 이제는 일시적이고도 제한된 알아차림이 된 것이지요. 말하자면 한정적인 마음, 개별적 자아인 '에고'ego가 되었습니다. 우리는 우리가 진짜로 누구인지를 잊어버리게 되었습니다.

우리의 마음은 알아차림이 몸의 한계, 몸의 운명을 공유한다고 믿고 있습니다. 알아차림이 몸의 속성과 한계와 혼합된 것처럼 보이기 때문에, 개별적 자아인 에고separate self or ego가 생겨났습니다. 대부분의 사람들은 그 개별적 자아가 곧 자신이라고 착각하게 되지요.

참되고 유일한 "나self"는 영원하고 무한한 알아차림입니다.

• 이러한 맥락에서의 "나self"는 하나의 독립체, 혹은 '하나의' 개별적 자아를 뜻하는 것이 아닙니다. 'self'는 일상적으로 우리를 지칭하는 표현이지만, 여기서는 본질적이고도 대상이 없는 진정한 자아인 알아차림의 존재를 지칭하는 데 사용하겠습니다.

이를 잊어버렸을 때 필연적으로 개별적 자아가 나타납니다. 종교적으로 말하자면 신의 무한한 존재를 망각한 결과이지요.

그럼에도 불구하고 영원하고 무한한 알아차림이라는 우리의 진정한 본질은 결코 대상적 경험 때문에 사라지지는 않습니다. 아무리 대상적 경험이 우리의 마음을 흔들거나 마비시킬 때라도 영원함에 대한 우리의 기억은 행복에 대한 갈망으로 빛나고 있습니다. 종교적으로 말하자면 신에 대한 갈망으로 빛나고 있는 것이지요.

* * *

앞서 "우리는 스스로가 알아차림의 존재라는 단순한 사실을 간과"하고 있다고 말씀드렸지요. 그렇다고 '우리'와 '알아차림의 존재'가 서로 다른 존재라는 뜻은 아닙니다. 그저 표현상의 문제일 뿐입니다. "나는 알아차린다"라고 할 때의 "나"와 "나는 알아차린다는 사실을 알고 있다"라고 할 때의 "나"

우리 본질의 핵심을 살펴보다

079

는 동일한 존재입니다.

알려진known 나와 아는knows 나는 동일한 존재입니다. 빛을 발하는 태양과 빛으로 밝혀진 태양은 동일한 존재이듯이 말이지요.

"알아차림awareness"만이 알아차림을 알아차립니다. "알아차리기being aware"만이 알아차리기를 알아차립니다.[14] 따라서 알아차리기라는 경험과 알아차림의 존재를 간과하는 "우리we"란 분명 스스로를 간과하거나 망각하는 것입니다.

알아차림의 스크린 위에서는 경험이라는 드라마가 펼쳐지고, 그로부터 '알아차리는 나'라는 개념이 생겨납니다. 그것은 대상적 경험과 너무나 밀접하게 엮여 있기에, 자신의 본 모습을 잊게 되고 결과적으로 자신의 현존을 망각해 버립니다. 마치 우리가 꿈속에서 내가 꿈꾸고 있다는 사실을 잊어버리는 것과 같습니다.

하지만 영상으로 스크린을 완전히 덮어버릴 수는 없듯이, 알아차림 자체가 경험에 의해 완전히 가려지는 일은 결코 없습니다. 영화가 상영되는 내내 스크린을 볼 수 있듯이, 알아차림은 모든 경험들 내내 스스로를 알아차리고 있습니다.

영화 속의 풍경을 볼지 아니면 스크린을 볼지 여부는, 무엇을 보느냐가 아니라 어떻게 보느냐에 달려 있지요. 처음에 우리는 영화 속의 풍경을 보게 되고, 그러고 나서야 스크린의 존재를 인지하게 되고, 그 다음에 스크린을 풍경이라고 보고 있다는 것을 알게 됩니다. 마찬가지로 처음에 우리는 다양한 사물들을 보게 되고, 그러고 나서야 알아차림의 존재를 인지하게 되고, 그 다음에 알아차림을 대상적 경험의 총합으로 보고 있다는 것을 알게 됩니다. 이것이 곧 수피즘Sufism에서 말하는 "모든 것은 신의 얼굴이다"라는 말의 의미입니다.

또한 바로 이런 의미로 라마나 마하리쉬Ramana Maharshi는 "세상은 비현실이며 오직 브라만Brahman만이 현실이다. 브라만이 곧 세상이다"라고 말했습니다.

이러한 관점에서 경험은 더 이상 알아차림을 가리지 않으며, 오히려 알아차림과 함께 빛나게 됩니다.

알려진 것the known은 앎과 함께 빛나고 있습니다.

하지만 우리는 우리의 진정한 본성을 간과하게 되고 그 결과 평온함과 만족감을 잃고 맙니다. 경험에 대한 알아차림이라는 스스로의 작용 때문에 알아차림은 스스로를 가려버리게 됩니다. 그리하여 알아차림은 대상적 경험 속에서 사라지고 말지요. 마치 영화 속 드라마에 집중하다보면 스크린의 존재가 잠시 가려지는 것과도 같습니다.

바로 이런 의미에서 수피즘의 신비주의자 발리아니Balyani 는 "신은 자신의 모습으로 스스로를 가려버린다"라고 했던 것입니다.

* * *

알아차림을 숨기는 것, 알아차림을 경솔하게 놓치는 것, 알아차림으로부터 멀어지는 것. 이를 기독교에서는 '원죄'라고 부르고, 베단타에서는 '무지ignorance'라고 부릅니다. 성경에서 주로 '죄sin'로 번역되는 히브리어 단어인 하타아chata'ah 는 '과녁을 벗어난다'라는 의미입니다.

이런 맥락에서 원죄란 경험의 본질적 요소인 알아차림과

의식 그 자체, 무한한 신의 존재를 놓치는 것입니다. 그러므로 종교 용어에서 죄는 신으로부터 멀어지는 것을 뜻합니다.[15]

이와 유사하게 베단타 원전에서 나온 산스크리트어 단어인 아비디야avidya는 주로 '무지' '오해' '부정확한 지식'으로 번역 됩니다.[16] 여기서 무지란 일반적으로 말하는 어리석음이 아닙 니다. 그보다는 알아차림의 무시, 즉 알아차림을 명백하게 무 시하거나 간과하거나 망각한다는 뜻입니다.

알아차림을 숨기는 것, 알아차림을 경솔히 놓치는 것, 알아 차림으로부터 멀어지는 것. 이로 인해 유한한 마음으로 쪼그 라들고, 외관상 개별적인 자아apparently separate self[17] 또는 에 고ego가 되어버리는 것. 이런 것들 때문에 알아차림에 내재 된 평온함과 만족감은 숨겨지고 맙니다. 하지만 여전히 평온 함과 만족감에 대한 기억은 그에 대한 갈망으로 내면에서 메아리치고 있습니다. 그렇기에 평온함과 행복에 대한 갈망 은 바로 외관상 개별적인 자아인 "에고"의 핵심적 특성이 됩 니다.

따라서 우리의 진정한 본질을 망각하는 것이야말로 모든

심리적인 괴로움의 원천이 됩니다. 이와 반대로 우리의 본모습을 기억하는 것, 즉 자아 그 자체에 대한 기억이나 인식은 모두가 갈망하는 평온함과 행복의 원천입니다.

외관상 개별적인 자아가 대상적 경험 속에서는 더 이상 평온함과 행복을 찾을 수 없다는 것을 깨닫게 될 때, 그제야 비로소 우리 안에서 평온함과 행복을 찾게 될 가능성이 열립니다. 바로 이 깨달음이야말로 본질적으로 평온하고 무조건적으로 충만한 순수한 알아차림으로 회귀하는 첫걸음인 동시에 해결책입니다.

외관상 개별적인 자아가 자신의 본질을 인식함으로써 내재된 평온함과 행복에 다가가려면, 순수한 알아차림의 본질이 대상적 경험으로 조건 지워지거나 제한되지 않는다는 것을 깨달아야만 합니다. 다시 말해서 알아차림의 본질은 명백하게 드러나야 합니다. 즉 알아차림은 스스로를 명백하게 볼 수 있어야 합니다. 그리고 스스로를 명백하게 보기see 위해서 알아차림은 스스로를 '바라보아야look at' 합니다.[18] 손전등에서 나오는 빛은 특정한 대상을 비출 수는 있지만, 그 손전등 내부에서 빛을 내뿜고 있는 전구를 비출 수는 없습니다. 우리의 마음도 이와 같습니다. 우리는 주의attention를 대상적 경험으로 향하게 할 수는 있지만, 앎의 빛을 자기 자신으로 향하게 할 수는 없습니다.

우리는 알아차리기의 경험을 향하여 마음을 보낼 수 없습니다. 다만 경험에서부터 우리 마음을 멀리 떠나보낼 수 있을 뿐입니다. 그러므로 보다 정확히 말하자면 알아차림이란 주의 집중을 이완시키고 대상적 경험으로부터 떨어져 나오는 것을 의미합니다. 그럼으로써 주의를 자기 자신에게로 되돌아오고 쉬게 하는 것이지요. 따라서 최상의 명상은 마음에 의해 이루어지는 어떤 정신적인 활동이 아닙니다. 그보다는 오히려 마음이 스스로의 원천이자 본성인 순수한 알아차림으로 되돌아가고, 쉬고, 깊이 침잠하는 것입니다.[19] 알아차림이 스스로에게 되돌아가는 것, 자신의 본모습을 기억하는 것이 곧 알아차리기에 대한 알아차림입니다. 이것이야말로 명상과 기도의 핵심이며, 영원한 평온함과 행복으로 향하는 직접적인 길direct path입니다.

*　*　*

외관상 개별적인 자아는 납작하게 눌려 있는 고무공과도 같습니다. 눌려서 찌그러져 있는 고무공은 원래 상태의 공과 다를 바 없습니다. 다만 잠시 눌려서 찌그러져 있을 뿐이며, 언제든 원래의 편안한 상태로 다시 부풀어 오르려고 합니다. 눌려서 찌그러진 공은 아무 일도 하지 않습니다. 다만 편안하게 이완되고 확장된 원래 모습으로 되돌아오려 할 뿐이지요.

마찬가지로 개별적 자아란 무한한 알아차림이 눌려서 찌그러지고 제한된 상태라 할 수 있습니다. 개별적 자아는 순수한 알아차림으로서의 진정한 '나'와 별 다를 바 없습니다. 다만 눌려서 찌그러져 유한한 실체로 줄어들었을 뿐이며, 언제든 원래의 편안하게 이완된 본연의 상태로 되돌아가려고 합니다. 이처럼 개별적 자아가 느끼는 되돌아가려는 힘이 바로 행복을 향한 열망이자 신을 향한 갈망입니다.

행복을 추구하고, 이완된 본연의 상태로 되돌아가려고 하는 것은 사실 개별적 자아가 아닙니다. 원래 상태에 대한 기억이 개별적 자아로 하여금 완전히 이완되고 본질적으로 평온한 알아차림으로 되돌아가라고 하는 것이지요.

개별적 자아의 관점에서 볼 때, 순수한 알아차림의 본질로 향하는 것은 욕망이나 갈망으로 느껴집니다. 본질적으로 이완되고 평온한 알아차림으로 끌리는 것은 개별적 자아의 수축contraction 때문이며, 이것이 곧 은총의 끌어당김attraction입니다.

신을 향한 우리의 사랑은 곧 우리를 향한 신의 사랑입니다.

뒤엉킨 알아차림
풀어헤치기

스스로를 있는 그대로 인식하기 위해서 알아차림이 무슨 특별한 일을 할 필요는 없습니다. 태양이 본래 스스로 빛을 내듯이 알아차림은 본래 스스로를 알아차립니다.

그러므로 알아차림이 스스로에 대해 갖고 있는 앎, 본질적이고 환원 불가능한 우리 존재에 대한 지식은 새롭거나 특별한 종류의 지식이 아닙니다. 이는 알아차림 안에 내재된 지식이지요. 다만 우리의 관심이 대상적 경험에만 집중되어 있기에 가려진 것처럼 보일 뿐입니다.

러시아의 철학자 우스펜스키P. D. Ouspensky, 1878~1947는 알아차림이 스스로의 영원하고 무한한 본질을 인식하는 과정을 '스스로 기억하기self-remembering'라고 불렀습니다. 여기서 '기억'이란 잊어버렸던 과거의 일을 다시 기억해 낸다는 의미가 아닙니다. 그보다는 친숙하고 늘 곁에 있는 나의 본래 모습을 다시 인식한다는 의미입니다.[20]

소란스러운 경험 때문에 간과하고 잊어버렸던 나의 본래 모습을 말이지요.

명상이란 우리의 자아를 이런 의미에서 기억하는 것입니다. 순수하고 빛나며 본래적으로 평온하고 무조건적으로 충만한 알아차림에 대한 경험. 우리 자신은 이미 언제나 그러한 경험입니다. 그것은 우리의 모든 경험과 늘 함께합니다. 그것은 생각, 느낌, 감각, 지각 때문에 가려지는 듯 보일지라도 실제로는 결코 가려지는 법이 없습니다.

이러한 기억이 바로 마태복음에서 말하는 기도의 의미이기도 합니다. "너는 기도할 때 네 골방에 들어가 은밀한 중에 계신 네 아버지께 기도하라."[21]

사실 우리의 본질적이고도 환원 불가능한 진정한 자아, 즉 순수한 알아차림은 어떤 사물, 사람, 사건을 기억하는 것과 동일한 방식으로 기억되는 것이 아닙니다. 왜냐하면 대상적 특성만이 기억될 수 있기 때문입니다. 이러한 의미에서 알아차림은 기억될 필요조차 없습니다. 잊히고 잃어버린 것만이 기억될 필요가 있지만, 알아차림은 그렇지 않기 때문입니다.

그러나 우리가 영화의 내용에 몰입하게 되면 스크린은 잊히거나 보이지 않는 듯합니다. 물론 스크린은 항상 우리의 눈에 보이고 있지만, 영화에 빠져들기 때문에 일시적으로 이 사실을 간과하거나 잊는 것이지요. 마찬가지로 알아차림은 늘 현존하며 자기 자신을 알아차리고 있습니다. 하지만 대상적 경험에 몰입하다 보면 알아차림이 스스로 아는 것을 멈춘 것처럼 느껴집니다.

이러한 경우, 알아차림의 스스로에 대한 앎은 다른 사물들에 대한 앎과 뒤섞이게 됩니다. 그 결과 알아차림은 자기 자신을 분명하게 알 수 없게 되는 것처럼 보입니다. 그리하여 알아차림은 대상적 경험의 여러 가지 특성 때문에 왜곡되고 모호해지고 맙니다.

알아차림은 생각, 느낌, 감각, 지각의 특성들과 뒤섞임에 따

라 제한됩니다. 결과적으로 알아차림은 일시적이고도 유한한
자아로서의 마음이 되는 것처럼 보입니다.

달이 태양을 가리는 일식처럼, 대상에 대한 알아차림은 알
아차림에 대한 알아차림을 가려버립니다.

* * *

무한을 알 수 있는 것은 무한뿐이며, 유한을 알 수 있는 것
은 유한뿐입니다.

대상적 경험을 알기 위해서 무한한 알아차림은 유한한 마
음의 형태를 취하지만, 스스로를 알기 위해서라면 마음의 형
태를 취할 필요가 없습니다. 다시 말해서, 알아차림은 마음의
형태를 통해 생각, 이미지, 느낌, 지각, 인식을 알 수 있습니다.
하지만 마음의 형태를 통해서는 알아차림은 그 자신을 알 수
없습니다.

알아차림이 마음의 형태를 통해서 스스로를 알 수 없는 이
유는, 명백히 한정된 알아차림이 곧 마음이기 때문입니다. 마

치 꿈속의 인물이 꿈꾸는 사람의 마음을 알 수 없는 것과 마찬가지입니다. 왜냐하면 꿈꾸는 사람의 마음이 명백히 한정된 결과물이 꿈속의 인물의 마음이기 때문입니다.

꿈속의 인물이 알고 있는 모든 것은 꿈꾸는 사람의 마음의 제한된 일부가 반영된 결과입니다. 따라서 꿈속의 인물은 꿈꾸는 사람의 '무한한' 마음•을 알 수 없습니다. 꿈속의 인물의 마음이 바로 그 꿈꾸는 사람의 마음으로부터 비롯된 것일지라도 말입니다. 꿈속의 인물은 그의 마음이 지닌 한계 때문에 자신의 제한되지 않은 실체를 알지 못합니다. 마찬가지로 유한한 마음은 제한되지 않은 알아차림의 변형된 형태임에도 불구하고, 무한한 알아차림을 결코 알 수 없는 것입니다.

스크린의 활동이 영화이고, 바닷물의 활동이 해류이듯이, 알아차림의 활동이 곧 마음입니다. 이처럼 마음은 알아차림이 움직이는 것이며, 알아차림은 마음이 쉬는 것입니다.

• 현실 세계에서는 꿈꾸는 사람의 마음 역시 유한한 것이지만, 여기서는 비유적 표현을 위해 꿈꾸는 사람의 마음은 무한한 알아차림이라고 상정해 둡시다.

알아차림을 찾으려 애쓰는 마음은, 마치 바닷속에서 물을 찾으려 애쓰는 해류와도 같습니다. 그렇기에 영원히 만족할 수 없는 운명에 빠지고 맙니다.

마음은 알아차림의 활동이자 창작물입니다. 알아차림은 자신이 만들어 낸 것 속에서 스스로를 잃어버리는 듯합니다. 알아차림은 자신의 활동 속에서 스스로를 가려버립니다.

명상이란 알아차림을 스스로의 활동으로부터 떼어놓는 것입니다.

명상을 통해 알아차림의 단순한 경험은 우리가 알게 되는 모든 것으로부터 벗어나게 해줍니다.

* * *

밝은 햇빛 아래에 있다가 어두운 방으로 들어간다고 상상해 봅시다. 어둠 속에 있는 대상이 나타나도록 하기 위해서 마음이 할 수 있는 일이란 아무것도 없습니다. 가만히 있으면서 긴장을 풀면 천천히 사물이 눈에 보이게 될 뿐입니다.

명상도 이와 같습니다. 알아차림을 발견하거나 이해하기 위해서 마음이 할 수 있는 일이란 아무것도 없습니다. 왜냐하면 마음이란 바로 알아차림 그 자체의 한정된 형태이기 때문입니다. 마음은 무엇을 하면 할수록 오히려 알아차림을 더 가릴 뿐입니다.

명상이란 마음의 활동을 가라앉히는 것이고, 그럼으로써 마음의 본성이 순수한 앎, 곧 알아차림이라는 사실을 스스로에게 드러내는 것입니다.

오직 알아차림만이 알아차림을 압니다. 비활동non-activity, 혹은 비실천non-practice으로서의 명상을 통하여 마음의 활동은 가라앉습니다. 그리하여 마음의 본질인 순수한 알아차림이 제약으로부터 벗어나서 있는 그대로의 모습을 드러내게 됩니다.

지금 이 글을 읽고 있는 당신, 이 글이 인쇄되어 있는 하얀 종이에 주목해 보세요. 그제야 당신은 갑자기 글자의 배경에 있던 하얀 종이의 존재를 깨닫게 될 것입니다. 사실 우리는 책을 읽으며 글자 뒤에 이미 하얀 종이가 있다는 사실을 늘 알고 있습니다. 그러나 글자에 집중하다 보니 하얀 종이의 존재를 인식하지 못할 뿐입니다.

알아차림은 마치 하얀 종이와도 같습니다. 알아차림은 밝게 빛나며 스스로를 알아차리는 존재입니다. 그 위에서 또한 그 안에서 모든 경험이 드러납니다. 그것은 모든 경험과 함께하는 투명한 앎이며, 따라서 궁극적으로 모든 경험이 그로부터 만들어지는 실체이자 본질입니다. 이를 두고 시인 셸리 Shelley는 "하얀 빛을 발하는 영원함white radiance of eternity"이라고 하였습니다.

알아차림에 대한 인식, 즉 알아차림이 스스로를 아는 것은 새로운 무언가를 알게 되는 것이 아닙니다. 언제나 늘 볼 수 있던 것을 새로운 방식으로 알게 되는 것입니다.

깨달음은 새롭거나 특별한 종류의 경험이 아닙니다. 경험 자체의 본질이 스스로 드러나는 것이죠.

알아차림은 발견되는 것이 아닙니다. 그저 인식될 뿐입니다.

* * *

대상적 경험으로부터 벗어나 핵심적이고도 환원 불가능한 본질로 되돌아가는 질문을 마음에게 던져봅시다. 그리하면 알아차림을 스스로의 활동으로부터 효과적으로 분리할 수 있습니다.

예를 들어 "나는 알아차리고 있는가?Am I aware?"라는 질문이 있습니다. 보통 무언가에 대해 물어보는 것은 알아차림으로 하여금 스스로의 앎의 빛을 대상적 지식이나 경험으로 향하도록 합니다. 반면 "나는 알아차리고 있는가?"와 같은 질문은 마음을 대상이 없는objectless 방향으로 이끄는 신성한 물음입니다.

마음은 이처럼 대상이 없는 방향으로 나아갈 때 이완되고 가라앉으며, 자신의 원천인 알아차림으로 되돌아갑니다. 마음은 계속해서 스스로의 색깔과 움직임을 잃게 되고, 결국 순수한 알아차림의 본질이 드러나게 됩니다.

앨프리드 테니슨 경은 이러한 신성한 탐구를 두고 다음과 같이 말했습니다. "하늘을 가로질러 떨어지는 별처럼, 인간의 사유를 훨씬 더 넘어서는 앎을 추구하라Follow knowledge like a sinking star, beyond the utmost bound of human thought."[22]

이는 영원하고 무한하며 스스로를 알아차리는 절대적인 앎을 추구하라는 뜻입니다. 그것은 알아차림의 경험 또는 "아이엠I am"이라는 앎으로서 우리 각자의 마음속에서 빛나고 있습니다. 그것은 우리 마음의 근원에 있으며, 모든 대상적 지식과 경험보다 앞섭니다.[23]

"나는 알아차리고 있는가?Am I aware?"라는 질문에 대한 대답은 물론 "그렇다"입니다. "나는 알아차리고 있는가?"라는 질문은 첫 번째 생각이며, 우리는 아직 답변에 대해 확신하지 못합니다. "그렇다"라는 답변은 두 번째로 일어나는 생각이며, 이때 우리는 그 답변에 대해 완전히 확신합니다.

첫 번째와 두 번째 생각 사이에서, 질문에 담겨 있던 불확실성은 답변에서 확실성으로 전환됩니다. 첫 번째와 두 번째 생각 사이에서 무슨 일이 일어난 것이지요.

이때 무슨 일이 일어났든 그것은 마음의 모습이나 활동 그 자체가 아닙니다. 오히려 마음의 모습이나 활동의 '사이', 즉 '장소가 아닌 장소'[24]에서 일어나는 일입니다. 여기서 일어나는 일이 "나는 알아차리고 있는가?"라는 질문에 대해 "그렇다"라고 확실히 답변할 수 있는 확신을 주고 있습니다.

"나는 알아차리고 있는가?"라는 질문에 답하기 위해서는 반드시 알아차리고 있다는 경험으로 '가야go to' 합니다. 다시 말해서 알아차리고 있다는 경험을 알아야만 합니다. 우리는 알아차리고 있다는 사실을 알아차려야 합니다.

만약 우리가 알아차리고 있다는 경험을 알아차리지 못한다면, "나는 알아차리고 있는가?"라는 질문에 대해 그토록 확신을 갖고 "그렇다"라고 대답할 수는 없겠지요.

* * *

그렇다면 알아차리고 있다는 경험을 알아차리는 '우리' 또는 '나'는 과연 누구일까요?

오직 알아차림만이 알아차릴 수 있습니다. "나는 알아차리고 있는가?"라는 질문과 "그렇다"라는 대답 사이에는 잠깐 멈추는 순간pause이 있습니다. 이때 알아차림은 대상적 경험을 향해 앎의 빛을 보내는 것을 잠시 중단하게 됩니다. 그 결과 알아차림은 스스로를 알아차리게 됩니다.[25]

사실 알아차림이 스스로를 알아차리도록 변화하는 것은 아닙니다. 태양이 언제나 스스로 밝히고 있듯이, 알아차림도 언제나 스스로를 알아차리고 있습니다.

하지만 알아차림이 주의나 앎의 빛을 어떤 대상을 향해 보낼 때 스스로에 대한 알아차림과 대상에 대한 알아차림이 뒤섞이게 됩니다. 그 결과 알아차림이 스스로를 있는 그대로 알아차리는 것을 중단하는 것처럼 보입니다. 그래서 대상적 경험을 하다가 스스로에게 앎의 빛을 보내면 알아차림이 새삼스레 자기 자신을 알아차리도록 변화하는 것처럼 느껴집니다.

사실 알아차림이 스스로를 알아차리는 것이 특별히 새롭거나, 신기하거나, 드물거나, 이례적인 일은 아닙니다. 오히려 그것은 알아차림이 할 수 있는 가장 친밀하고 익숙하고 평범한 경험이죠. 간단히 말해서 우리들의 본질적이고도 스스로를 알아차리는 존재에 대한 앎입니다. "아이엠ı am "이라는 표현으로 지칭하는 그 단순한 경험입니다. 이것은 단순히 존재하는 것에 대한 앎입니다.

"나는 알아차리고 있는가?"라는 질문과 "그렇다"라는 대답은 모두 생각입니다. 이러한 생각들은 알아차림의 대상이라기보다는 알아차림의 작용 자체입니다. 마치 영화가 스크린위에 독립적인 실체들이 나타나는 것이라기보다는, 스크린의작용이라고 할 수 있는 것처럼 말입니다.

알아차리고 있다는 사실을 알아차리는 것, 즉 알아차림이알아차림을 알아차리는 것. 이는 마음의 작용과 작용 사이에서, 생각과 생각 사이에서, 지각과 지각 사이에서 드러납니다.영화의 한 장면에서 다른 장면으로 전환될 때 잠시 텅 빈 화면이 드러나듯이 말입니다.

"나는 알아차리고 있는가?"라는 질문과 "그렇다"라는 대답사이에서 잠시 멈추는 순간, 마음은 그 작용을 멈추고 한계로부터 벗어나서 무한한 알아차림으로 드러납니다. 그리하여스스로를 빛내며 스스로를 압니다.

알아차림은 알아차림을 알아차립니다.

* * *

처음에는 단순한 알아차림이라는 비대상적 경험에 머무는 것이 어렵게 느껴질 수도 있습니다. 왜냐하면 대상적 경험으로만 향하던 마음의 습관에 너무나도 익숙해져 있기 때문입니다.

이러한 어려움이 느껴질 때면 다시 한 번 물어봅시다. "나는 알아차리고 있는가?" 이로써 마음은 대상적 경험으로부터 멀어져서 다시 그 본질로 향하게 됩니다.

마음은 항상 어떤 대상에 주의를 기울이게 마련입니다. 그래서 마음이 스스로에게 "나는 알아차리고 있는가?"라는 질문을 던지면, 그때야 비로소 대상이 없는 방향으로의 여정, 즉 '길 없는 길'pathless path이 시작됩니다. 생각, 이미지, 느낌, 감각, 지각으로부터 벗어나서 그 본질적이고도 환원 불가능한 순수한 알아차림으로 향하는 것이지요.

라마나 마하리쉬는 과정이 없는 이 여정을 "마음을 가슴속으로 가라앉히는 것sinking the mind into the heart"이라고 표현했습니다.

방향이 없는 이 여정 동안 마음은 가라앉고 이완되고, 뒤로, 안으로, 그리고 '자아 쪽으로' 향합니다. 여정을 거치며 마음은 자신의 유한성을 벗어 던지고 문득 순수한 마음으로, 본연의 무한한 알아차림으로 드러납니다. 대부분의 경우는 점진적으로, 가끔은 아주 갑작스레 일어나는 일이지요.

* * *

사실 마음이 스스로의 본질이나 실체를 재발견하기 위해 여정을 떠난다는 표현은 오해를 불러일으키기 쉽습니다. 하나의 이미지와 스크린 사이의 거리가 얼마나 되기에, 여정을 떠난다고 할 수 있을까요?

유한한 마음이 본질적이고도 환원 불가능한 스스로의 정수로 향하는 길이란, 어떤 장소에서 출발해서 또 다른 장소로 이동하는 것과는 전혀 다릅니다. 마음은 스스로가 개별적이며 독립적으로 존재하는 실체라고 믿기에, 이러한 발견을 흔히 여정, 길, 순례 등으로 표현하기는 합니다. 하지만 사실은 스크린 위의 어떤 이미지를 점차 사라지게 하는 것과 좀 더 비슷한 상황입니다.

마음은 알아차림이 스스로를 색칠하는 활동입니다. 반대로 색칠을 지우는 것, 그리하여 색깔이 지워진 마음의 본래 상태인 순수한 알아차림을 드러내는 것이 명상입니다.

알아차리고 있다는 사실을 알아차리는 것, 즉 알아차림이 알아차림을 알아차리는 것은 아무런 색깔이 없는 비대상적 경험입니다. 마음이 자신의 유한성을 벗어 던지고 난 후의 본성을 경험하는 것입니다. 따라서 이는 순수한 마음이며 알아차림 그 자체입니다. 내재적이고도 환원 불가능한 불멸의 정수를 아는 것입니다. 선禪의 전통에서는 이를 '본래면목our original face'[26]이라고 부릅니다.

투명하고 아무런 색채가 없는 알아차림의 경험 그 자체를 마음이 기억하거나 이해할 수는 없습니다. 왜냐하면 마음이라는 것은 알아차림의 작용이고, 따라서 현존하지 않기 때문입니다. 말하자면, 지금 여기서 작용하는 것은 아니기 때문이지요.

마음이 알아차림이라는 비대상적 경험을 간과하는 정도라면 그나마 다행입니다. 마음은 심지어 알아차림을 부정하기도 하니 말입니다. 마치 바다의 존재를 부정하려는 파도처럼 말이지요.

그러나 마음이 그 본질과 근원으로 반복적으로 녹아들어가다 보면, 점차 본연의 평온함으로 충만해집니다. 이처럼 충만해진 마음이 알아차림의 바다에서 떠오르면, 그 작용은 모든 사람들에게 평온함을 전해줍니다.

이러한 마음은 단순한 과거의 연속인 앎이 아니라, 조건 지워지지 않은 본질로부터의 앎에 의해서 영감을 얻을 수 있습니다. 그 영감 덕분에 마음이 작동하는 지식과 활동의 모든 영역에 창조성과 새로운 가능성이 찾아오게 됩니다.

5
장

애쓰지 않는 길

주의attention라는 단어의 어원을 살펴봅시다. [a]는 라틴어로 '-로', '-를 향하여'라는 뜻이고, [tendere]는 '신축성 있게 늘어난다'를 뜻합니다. 따라서 주의란 지식, 혹은 경험의 대상을 향하여 알아차림을 쭉 뻗어낸다는 의미가 담겨있습니다.

태양이 어떤 대상을 밝히기 위해 빛을 쏘아 보내듯이, 알아차림은 사고, 감각, 지각을 알기 위해 앎의 빛을 보냅니다.

그러나 태양은 빛의 근원에 스스로 자리 잡고 있기에 자기 자신을 비출 수가 없습니다. 마찬가지로 알아차림은 스스로에게는 앎의 빛을 보낼 수가 없습니다. 자기 자신에서 자기 자신까지는 거리가 전혀 없기 때문입니다.

알아차림이 너무 멀리 있어서 불분명하거나 사라진 것처럼 보이는 게 아닙니다. 오히려 너무 가깝기 때문입니다. 가장 가까운 것보다도 더 가깝습니다.

예를 들어, 지금 여러분에게 자리에서 일어나 여러분 자신에게로 한 발짝 다가가라고 한다면 어느 방향으로 발걸음을 내딛으시겠습니까? 나는 나 자신을 향해서는 한 발짝도 갈 수가 없습니다. 이미 내가 서 있는 곳이 나 자신이 있는 곳이기 때문입니다. 또한 나 자신으로부터는 한 발짝도 멀어질 수 없습니다. 어디로 가든 나는 항상 나 자신과 함께하기 때문입니다.

알아차림도 마찬가지입니다. 알아차림은 스스로를 알기 위해 어떠한 것을 할 필요도 없고, 어딘가로 갈 필요도 없습니다. 알아차림은 스스로에게로 향할 필요가 없습니다. 이미 알아차림은 이미 자기 자신과 함께 있기 때문입니다. 알아차림은 자기 자신과 너무나 가깝기 때문에, 주체와 대상이라는 관계를 통해서는 자기 자신을 알 수가 없습니다.

어떤 지식이나 경험을 알기 위해서, 앎의 주체는 앎의 여러 대상으로부터 반드시 거리를 두어야 합니다. "주의"란 주체와 대상 사이의 거리를 의미합니다. 일반적인 모든 지식과 경험은 주체와 대상이라는 관계를 통해서만 알 수 있습니다.

생각이나 지각의 대상 등 모든 것은 자기 자신이 아닌 별도의 경험의 주체에 의해서 인식됩니다. 오직, 알아차림만이 예외입니다. 알아차림은 그 자신에 의해서만 인식될 수 있습니다. 그러므로 알아차림이 자신을 아는 것은 매우 특이한 앎입니다. 그것은 주체와 대상이라는 관계가 필요 없는 유일한 형태의 앎입니다. 그것은 절대적 앎입니다. 여기서 절대적이라는 것은 외관상 개별적 경험의 주체로 보이는 유한한 마음에 의존하지 않는다는 뜻입니다.

이처럼 절대적인 앎, 단 하나의 '불이론'적인 앎으로부터 모든 상대적인 앎이나 경험이 파생되어 나옵니다. 마치 자면서 꿈을 꿀 때 여러 사람과 다양한 사물들이 나오지만, 이것은 모두 꿈꾸는 한 사람의 마음으로부터 왜곡되고 파생되어 나오는 것처럼 말이지요.

태양 빛은 우주에서 일정한 거리를 이동해야 달을 비출 수 있습니다. 그러나 태양이 스스로 빛나기 위해서는 어딘가로 갈 필요도 없고 무언가를 할 필요도 없습니다. 태양의 본성은 환히 빛나는 것입니다. 태양은 그저 태양이기에 스스로 빛납니다.

태양이 태양인 것과 태양이 빛을 발하는 것은 동일합니다. 스스로 빛을 발하는 것은 태양이 어떤 행동을 하는 것이 아닙니다. 그저 태양 그 자체로 존재하는 것이지요. 태양은 스스로 빛을 발하는 존재입니다.

마찬가지로 알아차림이 스스로를 알기 위해서 다른 어떤 행위가 필요하지는 않습니다. 알아차림은 그저 스스로 존재함으로써 스스로를 압니다. 알아차림은 '마음'이나 '주의'라는 형태를 띨 필요가 없습니다. 알아차림은 자기 자신에 의해서, 자기 자신 안에서, 자기 자신을 통해서, 홀로 존재함으로써 스스로를 압니다.

그래서 발리아니는 "나는 나의 신을 통해서 나의 신을 안다"라고 말했습니다.

* * *

알아차림은 우리의 근본적인 경험입니다. 알아차리고 있음이 알아차림의 근본적인 경험입니다. 알아차림이 대상적 경험을 알기 전에 알아차림은 스스로를 압니다.

알아차림이 외관상 자기 자신이 아닌 것처럼 보이는 것들을 알기 위해서, 즉 생각, 느낌, 감각, 지각을 알기 위해서, 알아차림은 스스로의 주의인 앎의 빛을 그 대상을 향해 비춰야 합니다. 그러나 알아차림이 스스로를 알기 위해서는 앎의 빛을 자기 자신이 아닌 다른 대상으로 보낼 필요가 없습니다.

알아차림의 본질은 순수한 앎입니다. 그것은 스스로 빛나며, 스스로 알며, 스스로 알아차립니다.

우리들의 존재와 우리들의 존재를 아는 것 사이에는 아무런 차이가 없습니다. 마치 태양의 존재와 태양의 빛남 사이에 아무런 차이가 없는 것처럼 말이지요.

알아차림은 단순히 존재함으로써 스스로를 압니다.

알아차림은 스스로와 너무나 가깝기에 자기 자신과 아무런 거리가 없습니다. 따라서 길이 놓일 공간조차 없습니다. 어떤 길이 있다면 알아차림으로부터 출발해 다른 대상으로 향하는 길일 것입니다.

알아차림으로부터 알아차림까지는 어떤 공간도 거리도 시간도 없습니다. 따라서 어떤 길이나 수행practice의 가능성도 없습니다. 따라서 알아차리기를 알아차리는 것은 수행이 아닙니다.

바로 이런 연유로 직접적인 길Direct Path을 "길이 없는 길"이라고 부릅니다. 우리는 직접적인 길 안에서 도착과 함께 출발하여 거기에 머무릅니다.

이와 같이 알아차림은 스스로와 함께 출발하여 스스로와 함께 머뭅니다. 따라서 최고의 명상은 그저 존재하는 것입니다.

그러므로 이와 같은 비수행non-practice에서는 애쓸 필요가 없습니다. 어떤 식으로든 노력을 기울이게 된다면 마음을 하나의 대상으로 향하게 하거나, 주의의 초점을 제어하려고

하기 때문입니다.[27]

고무줄을 늘리면 본래의 편안한 상태로 되돌아가려는 긴장 상태가 생깁니다. 마찬가지로 알아차림이나 주의를 어떤 대상으로 보내게 되면, 본래의 평온한 자연 상태로 되돌아가려는 미묘한 긴장 상태가 생깁니다.

평온함과 행복에 대한 갈망은 우리 본연의 이완된 상태로 되돌아가려는 갈망입니다.

명상은 주의의 긴장을 풀어주고, 그 결과 알아차림이 스스로에게 돌아가도록 하는 것입니다.

명상은 알아차림의 한가운데에서 마음을 녹여버리는 것이지, 특정 종류의 대상적 경험을 향해 마음을 보내는 것이 아닙니다.

사실 알아차림이 스스로에게로 '되돌아간다'라고 말하는 것은 자기 자신을 개별적인 자아 혹은 유한한 마음이라고 믿는 사람들을 위한 표현일 뿐입니다. 그들은 순수한 알아차림의 본질적인 평온함으로부터 단절되어 있으니, 마치 되돌아가는 것처럼 보일지도 모르겠습니다. 하지만 알아차림의 관점에서는 되돌아오는 것이 없고, 그저 인식하는 것만 있을 뿐입니다.

명상은 무언가를 하는 것이 아닙니다. 무언가를 하는 것을 멈추는 것입니다. 따라서 명상은 스스로에게 돌아가기, 또는 스스로를 쉬게 하는 것이라 할 수 있습니다.

스스로의 존재를 알아차리는 것을 제외한 다른 모든 것에는 어떤 행위가 필요합니다. 생각, 느낌, 행동, 지각은 모두 마음의 행위입니다. 그렇지만 우리가 이런 행위들에 너무나 익숙해진 나머지, 더 이상 행위로 여기지 않게 된 것일 뿐이지요.

그러나 알아차림에 대한 알아차림, 즉 알아차림이 자기 자신을 알아차리는 것은 애쓰지 않아도 되는 유일한 경험입니다. 그밖에 다른 모든 것들, 심지어 숨 쉬는 것과 생각하는 것까지도 에너지가 필요하지요.

그래서 아쉬타바크라Ashtavakra는 "현자에게는 눈을 깜빡이는 것조차 매우 성가신 일이다"라고 말했습니다.

* * *

마음이라는 작용은 알아차림이 대상적 경험을 아는 통로이자 방식입니다. 따라서 알아차림이 스스로를 알아차리는 것, 즉 알아차림에 대한 알아차림에는 마음 작용이 필요하지 않으며, 그럴 여지도 없습니다.

스스로에게서 출발해 스스로에게로, 알아차림에서 출발해 알아차림으로 가기 위해 거쳐야 하는 길은 없습니다. 길이 있을 여지가 없으니 수행을 할 여지도 없습니다. 알아차림에서 출발해 알아차림으로 향하는 데에는 수행자도 없지요.

우리는 알아차림 그 자체에 대한 알아차림을 수행할 수는 없습니다.

우리는 알아차림을 제외한 다른 어떤 대상에 대한 알아차림만 수행할 수 있을 뿐이지요. 사실 개별적인 자아는 그 대상과 알아차림 사이에서 발생하는 활동 덕분에 존재하는 것입니다.

환히 빛나는 태양이 곧 환히 비춰지는 태양입니다. 아는 알아차림이 곧 알려지는 알아차림입니다.

명상은 알아차림과 알아차림 자체 사이에 존재합니다. 명상은 스스로 존재하는 알아차림이며, 스스로의 안에서 쉬는 알아차림이며, 스스로만을 아는 알아차림입니다. 명상은 알아차리고 있다는 것을 알아차리는 것입니다.

그래서 요한계시록 22장 13절에도 "나는 알파와 오메가요, 처음과 마지막이요, 시작과 마침이라."라고 쓰여 있는 것입니다.

T. S. 엘리엇T.S. Eliot도 그의 시 〈리틀 기딩Little Gidding〉에서 다음과 같이 말했습니다.

"우리가 시작이라고 부르는 것이 종종 마지막이다.

그리고 끝을 맺는다는 것은 시작한다는 것이다.

끝은 우리가 시작하는 곳이다."

직접적인 길에서 알아차림이란 출발점이자 과정이자 목적지입니다. 알아차리기는 아는 주체이자 앎의 과정이며 알려지는 대상입니다.

알아차리기란 알아차리고 있음을 알아차리는 것입니다. 알아차림은 알아차림에 대한 알아차림입니다. 아는 것은 오로지 알고 있음을 아는 것입니다.

* * *

알아차리고 있음을 알아차리는 것이 명상의 정수입니다. 이는 마음을 어딘가로 향하게 할 필요도 없고, 마음을 집중하거나 통제할 필요도 없는 유일한 형태의 명상이지요.

무엇을 수행하든 우리 본연의 존재가 될 수는 없습니다. 수행을 통해서는 본연의 존재가 아닌 다른 무언가가 될 수 있을 뿐입니다.

우리는 50세가 '될' 수 있습니다. 우리는 피곤한 상태가 '될' 수 있습니다. 우리는 결혼한 상태가 '될' 수 있습니다. 우리는 외로운 상태가 '될' 수 있습니다. 하지만 스스로를 알아차리는 우리 본연의 존재being는 이러한 모든 되기becoming보다 앞섭니다. 또한 모든 되기becoming의 과정 속에서 눈에 띄지는 않지만 늘 현존하고 있습니다.

그러나 우리가 개별적인 자아 혹은 유한한 마음이 되고 나면, 순수한 알아차림으로서의 우리의 본성은 사라지고, 가려지고, 잃어버린 것처럼 보이게 됩니다. 그러므로 개별적인 자아의 관점에서 보자면, 즉 일시적이고도 제한적인 알아차림의 관점에서 보자면, 우리의 본모습을 되찾기 위해 반드시 어떤 수행을 해야만 하는 것처럼 보입니다. 말하자면 우리 본연의 평온함과 행복에 도달하기 위해서 반드시 따라야 하는 어떤 길이 있는 것처럼 보이는 것이지요.

자아를 일시적이고도 유한한 실체라고 워낙 많은 사람들이 확고히 믿고 있으니, 이를 감안하여 어쩔 수 없이 대부분의 불이론적 가르침은 자기 탐색self-enquiry, 또는 자기 굴복 self-surrender의 형태로서 명상을 수행하라고 권유하게 되었지요.

이런 방식의 불이론에 대한 현대적인 설명은 종종 오해를 불러일으킵니다. 괴로움의 경험을 수용하면서도 외관상 깨달음의 관점을 유지하기 위해서, 이러한 가르침들은 "모든 괴로움은 알아차림 안에서 나타나지만, 사실상 괴로움을 겪고 있는 사람은 존재하지 않기에 아무것도 할 것이 없다"라고 말하고 있는 것이지요.

앞서 외관상 개별적인 자아의 주의를 괴로움으로부터 다른 곳으로 돌리기 위해 대상, 물질, 활동, 마음 상태, 관계를 이용하는 방식을 말씀드렸지요. 여기서의 불이론적 가르침도 같은 방식으로 사용되고 있는 셈입니다. 다시 말해서 개별적인 자아가 불이론적 가르침을 슬쩍 가져와서 환상에 불과한 자신의 존재를 영구화하는 데 사용하고 있는 것이지요.

만약 우리가 괴로움을 겪고 있다면 스스로에게 솔직해지고 도대체 괴로움을 겪고 있는 자는 누구인지 탐색하는 편이 낫습니다.

결국 우리가 괴로움을 겪고 있다면 무언가를 찾고 있는 것입니다. 스스로를 개별적 자아라고 믿는 사람이 아무것도 하지 않는다는 선택을 할 수는 없습니다.

스스로를 개별적 자아라고 믿는 이에게는 두 가지의 가능성만이 있습니다. 첫 번째는 대상, 물질, 활동, 마음 상태, 인간관계 속에서 일시적인 위안을 찾는 것입니다. 두 번째는 스스로를 탐색 self-enquiry하거나 스스로를 탐구self-investigation하며 자신 안에서 괴로움의 근원을 찾는 것입니다. 이는 자연스럽게 '자기 준수' 혹은 '자기 굴복'으로 이어지게 됩니다.

따라서 대부분의 사람에게 명상이나 자기 탐구 혹은 관상 기도가 적어도 처음에는 개별적인 자아가 하는 수행으로 보이겠지요. 그러다가 점차 이해가 성숙해지고 수행이 깊어짐에 따라, 자기 탐구는 자기 준수가 되고 자기 휴식이 되며 나아가 자기 굴복이 됩니다.

따라서 대부분의 사람들은 오직 점진적으로만 깨닫게 될 것입니다. 명상은 우리의 행동이 아니라 우리의 존재라는 것, 그리고 개별적인 자아나 유한한 마음은 우리의 행동일 뿐 우리의 존재 그 자체가 아니라는 것을 말이지요.

* * *

이를 깨닫기 전까지는 명상을 하려면 애를 써야만 하는 것처럼 보입니다. 그리고 그렇게 느껴지는 한, 우리는 명상을 하기 위해 애를 쓰게 마련입니다.

우리는 겉보기에 어떤 다른 존재가 되기 위해서만 애를 쓸 수 있을 뿐입니다. 스스로 존재하거나 스스로를 알기 위해서는 애를 쓸 수 없다는 점이 언젠가 분명해질 것입니다. 그러한 때가 되면 우리는 명상을 위해 더 이상 애쓰지 않게 됩니다.

주먹을 쥐려면 처음에는 애를 써야 하지요. 하지만 주먹을 쥔 상태로 어느 정도 시간이 지나면 그게 자연스럽게 느껴지기 시작합니다.

결국 주먹을 쥔 상태를 계속 유지하기 위해 필요한 노력을 알아차리지 못하게 되지요. 이런 상황에서 손을 펴려고 한다면, 손을 펴기 위해서 또다시 애를 써야만 하는 것처럼 보이겠지요.

주먹을 쥐고 있는 상태가 너무나 자연스럽게 느껴지기 때문에, 손을 펴려면 애를 써야만 하는 것처럼 보일 뿐입니다. 손을 편안하게 이완하여 편 상태가 자연스럽다는 것을 깨닫기만 한다면, 손을 펴기 위해 새롭게 애를 쓸 필요가 전혀 없습니다. 지금까지 주먹을 쥐고 있느라 계속 애를 쓰고 있던

것이지, 손을 펴기 위해서 새롭게 애를 써야 하는 것이 아닙니다.[28]

개별적인 자아인 "에고"란 주먹을 꽉 쥐고 있는 상태와도 같습니다. 무한한 알아차림을 외관상 유한한 마음으로 축소해버린 상태이지요.

대부분의 사람들은 개별적인 자아에 내재한 긴장 상태에 너무 익숙해진 나머지, 그게 원래의 자연스러운 모습이라고 믿고 있습니다. 이러한 관점에서는 알아차림 안에서, 알아차림으로서 쉬기 위해서 오히려 애를 써야만 하는 것처럼 보입니다.

그러나 순수한 알아차림이라는 우리의 진정한 본질이 드러난다면, 알아차림으로 돌아가거나 알아차림에 머물기 위해서 어떠한 애를 쓸 필요도 없다는 것을 깨닫게 됩니다. 또한 개별적이고 독립적인 자아라는 환상을 유지하기 위해서 마음이 거의 쉬지 않고 미묘하게 애를 쓰며 작용하는 것도 느낄 수 있게 됩니다.

이러한 깨달음에 따르는 필연적인 결과로 우리는 알아차림 상태에 쭉 머물고 있다는 사실을 분명히 알 수 있게 됩니다. 그리하여 점차 그것이 우리의 자연스러운 상태가 됩니다. 결국 명상과 생활 사이에 구분이 사라지게 되지요.

애쓰지 않는 존재가 우리의 자연스러운 상태입니다.

6
장

내면으로 향하는 길

알아차림은 우리 각자의 마음속에서 알아차리고 있다는 경험, 존재의 느낌, '아이엠I am'이라는 앎으로서 빛나고 있습니다. 이처럼 '아이엠'이라는 앎은 알아차림의 스스로에 대한 알아차림입니다.

'아이엠'이라는 앎은 모든 생각, 느낌, 감각, 지각의 마지막 순간에 우리의 경험 속에서 잠깐 빛나지만, 워낙 짧기에 우리가 인식하지 못하고 넘어갑니다. 영화에서 장면이 전환될 때 프레임과 프레임 사이에서 텅 빈 스크린이 잠깐 드러나는 것처럼 말이지요.[29]

'아이엠'이라는 앎은 우리가 생각하고 느끼고 감각하고 지각하는 내내 항상 존재하지만, 바로 그 생각, 느낌, 감각, 지각에 의해 가려지는 것처럼 보입니다. 마치 영화가 진행되는 내내 스크린은 항상 존재하지만 영화 때문에 가려지는 것처럼 보이듯 말이지요.

따라서 '아이엠'이라는 앎, 즉 알아차림의 스스로에 대한 앎은 모든 유한한 마음의 상대적 지식과 경험보다 앞서고 이를 초월하는 궁극적인 실체입니다. 그렇기에 이는 절대적인 앎입니다.

종교적으로 말하자면 이와 같은 절대적인 앎이 곧 신입니다. 따라서 우리 자신에 대한 우리의 앎이 곧 신에 대한 신의 앎입니다. 그래서 신비주의 기독교 전통에서는 알아차림의 핵심에서 마음을 쉬게 하는 것을 하나님의 임재 실습the practice of the presence of God, 또는 무한한 신의 존재에 대한 마음의 굴복surrender이라고 하지요.

인도의 현자 니사르가닷타 마하리쉬Sri Nisargadatta Maharaj[30]는 이를 두고 '아이엠에 집중하기'라고 불렀습니다. '아이엠'의 경험에서 쉰다는 의미인데, 말하자면 우리의 본질적이고도 조건 지워지지 않는 스스로를 알아차리는 존재 안에서, 그리고 그러한 존재로서 쉰다는 뜻이지요.

여기서 '집중하기'라는 용어는 일상적 마음 작용을 감안한 표현으로서, 마치 대상적 경험에 집중하는 것처럼 어떤 대상적 경험으로 마음이 향하도록 한다는 의미입니다. 그러한 마음에게 이 가르침은 '아이엠'의 앎으로 주의를 돌리라고 권합니다.

그러나 이는 마음을 어딘가로 향하게 하라는 것이 아닙니다. 그보다는 오히려 마음을 그 자체의 본질에서, 즉 알아차림의 단순한 비대상적 경험에서, 알아차림 그 자체에서 쉬게 하라는 것입니다.

대상적 경험으로만 향하는 데 너무나 익숙해진 마음에게는 알아차리고 있다는 경험, 존재의 느낌, '아이엠'이라는 앎은 마음이 그토록 갈망하는 평온함과 행복으로 향하는 흔적이나 암시입니다.

'아이엠'이라는 앎은 화면 한구석에 화면 자체의 이미지를 담은 것에 비유할 수 있습니다. 스크린 속의 스크린인 셈이지요. 전체 화면의 관점에서 보자면 작은 화면의 이미지는 전체 화면의 일부이며, 스크린의 관점에서 보자면 그것은 스크린입니다.

마음의 관점에서 보면 '아이엠'이라는 얇은 마음 안에 있는 마음의 경험이며, 알아차림의 관점에서는 알아차림 그 자체입니다.

수피 격언도 바로 이를 언급하고 있습니다. "나는 신을 찾아 헤맸으나 결국 나 자신을 발견했다. 나는 나 자신을 찾아 헤맸으나 결국 신을 발견했다."

따라서 '아이엠'이라는 얇은 유한한 마음과 무한한 알아차림이 교차하는 경험입니다. 경험의 한가운데에서 알아차림과 함께 현존하는 빛나는 등불이요, 마음이 자신의 원천으로 되돌아갈 때 통과하는 관문입니다.

그렇기에 델포이의 아폴로 신전 입구 위에 "너 자신을 알라"라고 새겨져 있지요. 같은 이유로 발리아니는 이렇게 말했습니다. "스스로를 아는 자는 신을 안다."

마음이 자신의 경험인 대상적인 내용에서부터 출발하여, 가장 깊은 곳에 있고 항상 존재하며 환원 불가능한 본질에 도달하기까지의 여정을 동양에서는 명상이라고 부르고, 서양에서는 기도라고 불러왔습니다. 때로는 내면으로 향하는 길, 또는 분별의 길the path of discrimination[31]이라 불리기도 하지요. 그러나 내면으로 향한다는 것은 몸 안으로 들어간다는 의미가 아닙니다. 그보다는 경험의 대상으로부터 벗어나 환원 불가능한 마음의 본질로 향한다는 뜻입니다.

이를 산스크리트어에서는 아트마 비차라atma vichara[32]라고 합니다. 이는 주로 '자기 탐구self enquiry'나 '자기 탐색self investigation'으로 번역됩니다. 그러나 서양 문화에서 '탐구'와 '탐색'이라는 단어는 마음의 과정이나 작용을 시사하기 때문에 오해의 여지가 있는 표현이지요. 그보다는 오히려 '자기 준수self-abidance' 혹은 '자기 휴식self-resting'이 더 적절한 번역일 것입니다.

그래도 '자기 탐구'와 '자기 탐색'이라는 표현도 유용한 면이 있습니다. 이 과정은 대개 다음과 같은 질문에서 시작되기 때문입니다.

"나의 경험을 알거나 알아차리고 있는 것은 무엇인가?"

"내 생각은 어디에서 오는 것인가?"

"모든 지식과 경험이 알게 하는 앎의 본질은 무엇인가?"

"나는 알아차리고 있는가?"

"나는 누구인가?"[33]

마음은 이러한 질문들을 숙고하면서 점진적으로 정제되고, 대상적 경험의 여러 층위를 넘나들면서 대상적이고도 제한적인 마음의 자질들을 점차 순화시킵니다. 이렇게 자기 탐구나 자기 탐색은 점차 활력을 잃고, 점차 자기 준수, 자기 휴식, 자기 기억에 자리를 내어주게 됩니다. 그럼으로써 여기에서 마음 자체의 본질적이고도 환원 불가능한 정수가 드러나는 것입니다.

'드러냄revelation'이라는 단어의 어원은 '원래대로', '다시'를 의미하는 라틴어 [re-]와 '덮거나 감추다'를 의미하는

[velare]가 합쳐진 것입니다. 따라서 드러냄이란 결코 새로운 경험이 아닙니다. 단지 과거에 왜곡되었거나 모호해진 본질적 진실을 뒤덮은 덮개를 벗기고 들추어내는 것이지요. 그러므로 명상이나 기도란 마음을 들추어내고 본질적이고 환원 불가능한 정수를 드러내는 것입니다.

처음에는 명상이 어떤 새로운 상태, 혹은 경험을 얻기 위해 마음이 행하는 어떤 활동처럼 보일 수도 있습니다. 하지만 나중에는 명상이 마음의 속성, 혹은 본질 그 자체라는 깨달음에 이르게 됩니다.

명상은 우리의 존재 방식이지, 우리가 하는 어떤 행위가 아닙니다.

* * *

대부분의 명상은 전통적으로 만트라, 불꽃, 신적인 존재, 영적인 스승, 호흡, 또는 호흡과 호흡 사이의 멈춤 등의 대상에 마음을 향하도록 합니다. 전통적인 기도의 경우 우리의 사랑은 우리 자신으로부터 멀어져서 신으로 향해야 하는데, 신은 무한히 멀리 떨어진 곳에 존재한다고 여겨집니다.

이와 같은 모든 형태의 명상이나 기도에서 마음은 어떤 오묘한 대상으로 향하게 되며, 그 결과 모두 주체와 대상의 관계subject-object relationship를 형성할 수밖에 없습니다. 이러한 방식은 그 자체로서 어느 정도 타당한 측면도 있고, 또 많은 경우 궁극적인 명상이나 기도 단계에서는 필요한 것이기도 합니다. 하지만 어느 시점에서는 반드시 버려야만 합니다.

모든 수행의 방식에는 각기 장점과 잠재적인 단점이 있습니다. 헌신의 방식을 추구하는 사람들에게는 헌신의 대상을 놓아버리는 것이 궁극적인 굴복입니다. 지식의 방식을 추구하는 이들에게는 주의의 집중 혹은 마음의 제어를 놓아버릴 수 있느냐가 마지막 관건이 되겠지요.

주체와 대상은 동전의 양면과도 같습니다. 주체와 대상은 각각 독자적으로 생겨나거나 존재할 수 없습니다. 경험의 개별적인 주체인 마음이 사라지기 위해서는, 좀 더 정확히 말해서 외관상의 한계를 넘어서기 위해서는 경험의 개별적인 대상 또한 반드시 사라져야만 합니다.

진정한 사랑은 사랑의 주체와 사랑의 대상이 모두 사라져야 경험될 수 있습니다.[34]

알아차리고 있음을 알아차리는 것, 다시 말해서 자기 안에서 자기로서 머무르고, '아이엠' 안에 휴식하며, 신의 존재를 실천하는 것. 이것만이 경험의 개별적인 주체인 에고를 사라지게 하는 유일한 형태의 명상이자 기도이며, 최고의 궁극적인 명상이자 기도입니다. 다른 모든 형태의 명상은 바로 이 궁극적인 명상을 위한 준비 과정에 불과합니다.

* * *

내재적으로 평온하며 무조건적으로 충만한 알아차림이라는 우리의 근본적인 본성. 이는 우리 각자의 마음에서 알아차리기라는 단순한 경험, 혹은 '아이엠'이라는 앎으로 빛나고 있습니다. 모든 환경, 모든 상황, 모든 시대에서 한결같이 존재하는 본성으로 누구에게나 늘 갖추어져 있는 것이지요.

알아차림은 가려지거나 사라지지 않습니다. 다만 우리가 그에 대해 등을 돌리고 있는 것뿐이지요. 마음이 알아차림의 원천과 본질로부터 등을 돌린 것입니다.

그러나 마음과 알아차림이 서로 다른 별개의 것이라는 뜻은 아닙니다. 마음과 알아차림의 관계는 꿈속의 인물과 꿈을 꾸는 사람의 마음 간의 관계와 동일합니다. 꿈이란 꿈속 인물의 관점에서 꿈속의 세계가 펼쳐지는 것이지요. 그렇기에 꿈속 인물의 모든 것은 꿈꾸는 사람의 마음에서 비롯되었지만, 꿈속의 인물은 이를 전혀 알 수가 없습니다.

꿈속 인물이 오로지 자신의 경험의 대상적인 내용에만 집중하는 한, 그는 자기 마음의 본질도, 세계의 실체도 절대로 인식할 수가 없습니다. 결국 그는 자신이 갈망하는 평온함과 행복을 결코 찾을 수 없겠지요.

자신의 본질을 알려면 경험의 대상으로부터 주의를 돌리고 대상들을 알게 해주는 그 무언가에 주목해야만 합니다. 모든 앎과 경험을 알게 해주는 알아차림의 본질을 알아야만 합니다. 자신의 마음의 정수인 알아차리기의 경험을 알아차려야 합니다.

밤이라고 태양이 사라지지는 않습니다. 태양은 같은 밝기로 계속 환히 빛나고 있습니다. 다만 지구가 태양으로부터 등을 돌린 것뿐이지요. 그래서 지구의 한 부분이 어두워지는 것입니다. 하지만 계속 돌면 어두워졌던 부분이 다시 또 밝아집니다.

기독교 전통에서 말하는 타락이란 마음이 자신의 본질에 대해 등을 돌리는 것을 의미합니다. 인간의 영혼이 신의 무한한 존재에 대해 등을 돌리는 것이지요.

알아차림의 존재는 모든 경험의 안과 뒤에서 늘 환히 빛나고 있습니다. 모든 경험은 알아차림의 현존으로 가득 차 있습니다. 우리에게 필요한 것은 그저 그 빛을 향해 다시 돌아서는 것입니다.

* * *

14세기 카슈미르 시바Kashmir Shaivite 철학의 신비주의자

시인 랄라Lalla[35]는 이러한 "돌아섬"에 대해 이렇게 노래했지요. "나는 신을 찾아 먼 길을 떠났다. 결국 다 포기하고 되돌아왔을 때, 신은 바로 거기에, 내 안에 있었다."

우리는 너무나도 오랫동안 대상, 물질, 활동, 마음 상태, 인간관계 속에서 평온함과 만족감을 찾아 헤맸습니다. 이러한 것들 속에서 간혹 원하던 것을 얻거나 경험하게 되면 우리는 찾아 헤매기를 멈추게 되고, 그러한 멈춤 덕분에 잠시나마 평온함과 만족감을 맛보게 됩니다. 하지만 물론 영원히 계속되지는 않지요.

우리가 '포기하고 돌아설 때', 즉 대상적인 경험에서 평온함과 만족감을 찾아 헤매던 것을 멈출 때. 그리하여 방향이 없는 방향으로 마음을 돌리고, 마음의 근원인 알아차림의 중심으로 더 깊이 가라앉을 때. 이때서야 비로소 우리는 평생 갈망해 온 영원한 평온함과 만족감을 맛볼 수 있게 됩니다.

마음의 관점에서 보자면, 알아차림의 경험이나 알아차림 자체 안에서 머무르고 쉬는 비수행non-practice은 마치 헛되고 지루한 상태인 것처럼 보입니다. 하지만 언젠가 때가 되면

혼들리지 않는 평온함과 이유 없는 기쁨이라는 알아차림의 본질적 특성이 점차 드러나게 마련입니다.

이렇게 외면의 모든 것을 포기하고 내면으로 돌아서는 것, 즉 마음의 돌아섬을 초기 정교회는 헤시카즘Hesychasm[36] 또는 마음의 고요함이라 불렀습니다. 구약성서에서 이사야가 "여호와는 자기를 의지하고 마음이 한결같은 자에게 완전한 평안을 주신다"[37]라고 말했던 것도 이런 의미입니다.

이러한 비활동non-activity 안에서 지식으로의 길과 사랑, 혹은 헌신으로의 길이 만나게 됩니다. 이것이 바로 자기 탐색과 자기 굴복은 하나이며 서로 동일하다는 것을 깨닫게 되는 경험입니다.

* * *

알아차림이 스스로를 인지하는 것, 즉 알아차리고 있음을 알아차리는 것은 어떤 새로운 종류의 앎이 아닙니다. 언제나 이미 함께 있었지만, 생각하고 지각하는 활동 때문에 가려졌던 것들을 단지 명확하게 볼 수 있게 되는 것뿐이지요. 또한 알아차림이 스스로의 본질적인 특성을 깨닫게 되는 것 역시 특별한 소수의 정신에게만 허락된 특권적인 경험인 것도 아닙니다.

알아차리기는 모든 사람들의 경험들 안에서 동등하게 빛납니다. 심지어는 깊은 우울마저도 알아차림의 빛으로 비추어집니다. 알아차리기는 묻혀 있거나 가려져 있지 않으며, 찾기 힘들지도 않습니다. 그것은 모든 경험을 알게 하는 앎의 빛이지요.

라마나 마하리쉬와 부처가 자신의 마음의 본성에 다가갈 수 있었던 것은 무슨 특별한 능력이 있었기 때문이 아닙니다. 부처는 그저 나무 아래 앉아 스스로에게 말했습니다. "내 마음의 본성을 깨달을 때까지 나는 여기에 머무르겠다." 그의 마음의 근본적 본성은 우리들 각자 마음의 근본적 본성과 완전히 동일합니다.

마하리쉬가 불현듯 죽음의 공포에 압도되었을 때, 그는 바닥에 누워서 자신에게 질문을 던졌습니다. "나의 근본적 본성은 무엇인가? 나 자신으로부터 분리될 수 없는 것은 무엇인가? 몸이 죽으면 알아차림은 어떻게 되는가?" 다시 말해서 그는 자연스럽게 자기 탐색 과정에 들어갔던 것이지요.

모든 위대한 영적, 종교적 전통들은 수많은 수행법과 계율을 만들어 냈습니다. 현실적으로 어려움을 겪고 있거나 거부감을 지닌 사람들을 위해 따뜻한 연민의 마음으로 그렇게 한 것입니다. 수행법과 계율 등의 수단으로 사람들의 마음을 단련시키고 준비시켜서 결국에는 마음의 근원 혹은 본질에 다다를 수 있도록 하려는 의도가 담긴 것이지요.

마하리쉬는 이러한 모든 점진적인 수단들을 단번에 뛰어넘어서 자신의 현재 경험으로부터 마음의 근본적인 본성으로 바로 이동하였습니다. 마하리쉬에 의해 직접적인 길이 오늘날 다시 부활한 것입니다.

이제 직접적인 길의 시대가 열렸습니다.

영광의 구름을 이끌고
나아가다

존 스미스라는 배우가 리어왕 역을 맡았다고 상상해 봅시다. 존 스미스는 무한한 알아차림을, 리어왕은 유한한 마음 또는 외관상 개별적인 자아를 상징한다고 가정합시다.

　이때 존 스미스와 리어왕은 서로 다른 별개의 존재가 아닙니다. 존 스미스가 스스로 설정한 가상의 틀이 리어왕일 뿐입니다. 마찬가지로 무한한 알아차림과 유한한 마음은 서로 다른 두 실체가 아닙니다. 무한한 알아차림이 대상적인 경험을 나타내기 위해 스스로 설정한 가상의 틀이 유한한 마음일 뿐입니다.

　어느 날 존 스미스가 맡은 배역에 너무나 깊이 몰입한 나머지 자신이 실제로 누구인지를 잊어버리고, 스스로가 리어왕이라고 믿는다고 상상해 봅시다. 리어왕은 연극 속에서의 자신의 괴로움으로부터 해방되기 위해서는 자신이 존 스미스라는 사실을 깨달아야 합니다.[38] 그러기 위해서는 무엇을 해야 할까요? 사실 자신의 괴로움으로부터 벗어나기 위해서 리어왕이 실제로 할 수 있는 것은 아무것도 없습니다. 왜냐하면 리어왕은 실제로 존재하는 인물이 아니기 때문입니다.

리어왕이 다시 존 스미스가 되기 위해 무언가를 해야 한다고 제안한다면, 오히려 리어왕이라는 존재 자체가 독립적으로 존재하는 실체라는 것을 확인해주는 셈이 되고 맙니다. 리어왕이 겪는 괴로움의 근본 원인이 영구화되는 결과를 낳는 것이지요. 그렇다고 리어왕이 아무것도 하지 않고 있다면 그저 리어왕으로 계속 남게 될 것입니다. 최소한 그의 상상 속에서는 계속 리어왕으로서 괴로워하겠지요.

이러한 상황에서 리어왕은 괴로움으로부터 벗어나기 위해 대상, 물질, 활동, 마음 상태, 인간관계 속에서 위안을 얻고자 헤매게 될 것입니다. 이러한 헤맴은 결코 끝나지 않을 것이며 그의 불행을 오히려 악화시킬 뿐입니다.

따라서 리어왕이 자신을 리어왕이라고 믿는 한, 그에게는 해야 할 일이 있습니다. 사실 리어왕은 자신의 괴로움을 덜기 위해 무언가 행동을 하지 않고서는 존재할 수 없습니다. 괴로워한다는 것은 곧 대상적 경험 안에서 끊임없이 행복을 찾으려 애쓴다는 뜻이기에, '아무것도 하지 않기'는 리어왕의 선택지가 될 수 없습니다.

대상적 경험 속에서 행복을 찾는다는 것은 외관상 개별적인 자아를 정의하는 활동입니다.

이러한 곤경에 빠진 보통 사람들의 측은한 처지를 감안하여, 불이론적 가르침은 괴로워하는 사람들을 내면의 평온함과 행복의 원천으로 직접 혹은 간접적으로 이끄는 활동이나 수행을 제안합니다.

만약 괴로워하는 사람이 충분히 성숙하다면, 이러한 가르침은 그의 주의를 마음의 원천이나 본질로 직접 인도할 것입니다. 거기에는 그가 갈망하는 평온함과 행복이 있지요.

하지만 괴로워하는 사람의 마음은 대부분 대상적 경험을

통해 행복을 찾으려는 것에 너무 익숙해져 있습니다. 그런 사람의 마음은 아직 불안정하고 미성숙하기에 대상적 경험으로부터 고개를 돌리고 마음의 원천으로 향하기가 당장은 불가능하겠지요.

불이론적 가르침은 이러한 상태에 있는 사람을 위하여 우선 마음을 준비시킬 수 있는 중간 단계 정도의 수행을 제시합니다. 그리하여 궁극적으로는 그 사람이 자신의 본질로 되돌아가고 본 모습과 하나가 될 수 있도록 합니다.

이와 같은 준비 단계의 수행에서는 늘 경험의 대상에 고정되어 있는 "주의"를 자유롭게 풀어주기 위해 몸과 마음을 단련시킵니다. 주의가 대상적 경험에서 평온함과 행복을 찾아 헤매는 습관에서 조금이라도 벗어난다면, 마음은 약간의 힌트만 주어져도 평온함과 행복을 어디에서 찾을 수 있는지에 대해 금방 알 수 있게 됩니다. 말하자면 "나는 누구인가?" "나는 알아차리고 있는가?"와 같은 질문만 주어져도 충분한 것이지요.

이러한 모든 예비적 수행 방법들은 영적인 것을 추구하는 사람들의 다양한 성향이나 능력과 성숙도 등을 고려할 때, 정당하고도 적절한 해결책이어야 하며, 마음의 한계를 조만간 없앨 수 있도록 이끌 수 있어야 합니다.

본래의 평온함, 명료함, 빛남을 인지함으로써 마음이 그 근원으로 곧장 되돌아가는 직접적인 길은 모든 영적 수행의 핵심이자 정점입니다. 이는 모든 위대한 영적, 종교적 전통의 중심에서 다 발견할 수 있는 것이지요.

* * *

리어왕 이야기로 돌아와서, 리어왕이 왕국에서 벌어지는 일에 깊이 관여하고 있으면서도 그의 정신이 충분히 성숙해서 자기 마음의 본질을 성찰할 수 있다고 가정해 봅시다.

리어왕이 자신이 존 스미스라는 것을 인지하기 위해 무엇을 해야 할까요? 자신의 본래 마음에게 스스로 물어보기만 하면 됩니다. "나는 정말 누구인가? 나의 경험을 알아차리고 있는 것은 무엇인가? 나는 알아차리고 있는가?"

이러한 질문 하나하나는 리어왕으로 하여금 딸과 신하들과의 복잡한 드라마라는 경험의 대상적 내용으로부터 벗어날 수 있도록 해줍니다. 즉 자신의 마음의 본질, 혹은 알아차리기의 경험과 알아차림 그 자체로 향할 수 있게 해주는 것입니다. 리어왕이 스스로가 존 스미스라는 것을 알아차릴 수 있는 앎에 가까워지도록 이끌어주는 것이지요.

리어왕이 겹겹이 쌓인 자신의 마음을 돌이켜보면서 생각, 이미지, 기억, 느낌, 감각, 지각 등 본질적이지 않은 것들을 하나하나 버리게 된다면, 그의 마음의 본모습이 외관상의 모호함으로부터 드러나기 시작할 것입니다. 불필요한 지식과 경험이 모두 다 버려지는 순간, '나는 존 스미스다'라는 앎이 드러납니다.

그러나 리어왕이 존 스미스를 인지할 수 있는 것은 아닙니다. 오직 존 스미스만이 존 스미스로서의 경험을 가지고 있습니다.

존 스미스는 한 사람이므로 '나는 존 스미스다'라는 지식은 불이론적 지식입니다. 이는 주체-대상의 관계에서 발생하는 앎이 아닙니다. 존 스미스임을 알고 있는 존 스미스가 곧 알려진 존 스미스입니다. 알고 있는 '나'가 곧 알려진 '나'입니다. 존 스미스는 스스로를 알기 위해 어떤 행동을 하거나 어딘가로 갈 필요가 없습니다. 그는 단순히 자기 자신이기에 자신을 알고 있습니다.

마찬가지로 알아차림만이 알아차림을 알아차립니다. 유한한 마음은 그 자체로는 하나의 실체가 아닙니다. 그 자체만으로는 독립적으로 존재할 수 없습니다. 리어왕이라는 것은 존 스미스가 연극의 극적인 상황을 보여주기 위해 취하는 활동입니다. 마찬가지로 마음이라는 것은 알아차림이 대상적 지식과 경험을 알기 위해 취하는 활동입니다.

존 스미스는 존 스미스이기를 관둘 수 없으며, 리어왕이 될 수도 없습니다. 마찬가지로 알아차림도 단 한순간도 알아차림이기를 관둘 수 없으며, 유한한 마음이 될 수도 없습니다. 또한 리어왕이 존 스미스가 될 수 없듯이 유한한 마음은 무한한 알아차림이 될 수가 없습니다. 리어왕이 존 스미스를 알 수 없듯이, 유한한 마음은 무한한 알아차림을 알 수가 없습니다.

그래서 발리아니는 이렇게 말했습니다. "그를 제외하고 그를 본 사람은 없으며, 그를 제외하면 누구도 그에게 이르지 못하며, 그를 제외하고 누구도 그를 알지 못하노라. 그는 그를 통해서만 그를 알며 그에 의해서만 그를 본다. 오직 그만이 그를 본다."

* * *

리어왕과 존 스미스가 각기 '나'라고 말할 때, 그들이 일컫는 것은 본질적인 '나'로 서로 동일합니다. 물론 리어왕의 '나'는 어떤 색깔이 덧입혀진 것이고, 생각, 느낌, 감각, 지각 등에 의해 외관상 제한된 존재입니다. 반면 존 스미스의 '나'는 있는 그대로 명료하게 빛을 발합니다.

현실 세계에서 리어왕의 자아는 진짜이며 존 스미스의 유일한 자아입니다. 유한한 마음, 혹은 외관상 개별적인 자아인 '나'는 무한한 알아차림의 진정하고 유일한 '나'입니다.

그래서 마이스터 에크하르트Meister Eckhart[39]는 이렇게 말했습니다. "내가 하나님을 보는 눈은 하나님이 나를 보는 눈과 같다."

모든 경험의 중심이 되는 외관상 개별적인 자아인 유한한 '나'는 곧 영원하고 무한한 알아차림의 진정하고 유일한 '나'입니다. '아이엠'이라는 앎으로서 우리 각자의 마음에서 빛나고 있는 무한하고 스스로를 알아차리는 신의 존재이지요. 거기에 생각, 이미지, 느낌, 감각, 지각 등의 색깔이 덧입혀진다 하더라도 그 자체가 아닌 다른 것이 될 수는 없습니다.

영원하고 무한한 알아차림, 즉 무한하고 스스로를 알아차리는 신의 존재만이 "자아"로 존재할 수 있습니다. 그렇지 않다고 믿는 것은 신성모독입니다.

오직 무한한 알아차림만이 존재합니다. 비록 그것이 유한한 마음이라는 활동을 함으로써 스스로를 감추고 여러 가지 다양한 대상과 자아로 나타나게 된다 하더라도 말이지요. 이는 영원하며 무한한 존재 이외의 어떤 것이 결코 될 수도 없으며 그것을 알 수도 없습니다.

무한한 알아차림, 즉 무한하고 스스로를 알아차리는 신의 존재가 되기 위해서 개별적인 자아를 제거해야 할 필요는 없습니다. 제거해야 할 개별적 자아라는 것은 애초에 존재하지도 않기 때문이지요. 개별적인 자아를 해체하고 완전히 뿌리 뽑으려는 시도는 오히려 그 환상적인 존재를 영속시킬 뿐입니다. 개별적인 자아를 길들이겠다는 것은 개별적인 자아를 계속 유지하겠다는 것에 불과합니다.

개별적인 자아는 그 자체의 관점을 통해서만 존재하는 환상입니다. 물론 모든 환상의 바탕에는 현실이 있습니다. 외관상 개별적인 자아 혹은 유한한 마음의 바탕이 되는 현실은 무한한 알아차림입니다.

무한한 알아차림의 실체를 보게 되는 것은 외관상 개별적인 자아나 에고가 죽거나 소멸할 때입니다. 이를 선禪의 전통에서는 위대한 죽음이라 부르며, 기독교에서는 십자가에 못 박힘으로 상징됩니다.

지금까지 우리는 자신과 마음을 동일시했기 때문에 개별적인 자아와 유한한 마음을 동일시하였습니다. 그렇지만 이

제는 분리되고 독립적인 자신의 존재가 있다고 믿는 유한한 마음인 개별적인 자아와 그러한 모든 믿음과 감정에서 벗어나서 자신의 실체를 앎으로써 환히 빛나는 마음을 구분해야만 합니다.

후자의 경우 유한한 마음이 순수한 알아차림의 원천이나 본질로부터 계속 생겨나기는 하겠지만, 자기 자신에 대한 분명한 인식을 통해서 분리감과 한계감은 사라질 것입니다. 습관의 힘 때문에 한동안 잘못된 방향으로 끌려가고는 하겠지만, 시간이 지나면 점차 그러지 않게 될 것입니다.

그래서 인도의 현자 아트마난다 크리슈나 메논Atmananda Krishna Menon, 1883~1959은 자신의 진정한 본질에 안착하게 되었는지를 어떻게 알 수 있느냐는 질문에 이렇게 대답했습니다.

"당신이 생각, 감정, 감각, 지각에 더 이상 이끌리지 않게 되었을 때입니다."

* * *

　개별적인 자아인 에고의 죽음이나 소멸에 대한 언급은 자신이 독립적으로 존재한다고 굳게 믿는 사람들의 심정을 감안한 표현에 불과한데, 종종 오해를 유발하기도 합니다.

　사실 마음이 사라졌다거나 소멸되었다고 말할 수조차 없습니다. 독립적으로 존재하는 실체나 마음은 애초부터 존재하지 않기 때문이지요. 리어왕은 애초에 실제로 존재한 적이 없기 때문에, 리어왕이 사라졌다고 말할 수 없는 것과 마찬가지입니다.

　리어왕이란 하나의 환상입니다. 하지만 모든 환상과 마찬가지로 리어왕에게도 실체가 있습니다. 리어왕의 실체는 존 스미스입니다. 리어왕이라는 것에서 환상적인 요인을 모조리 제거했을 때, 존 스미스라는 자신의 모습이 그대로 드러나게 됩니다. 다시 말해서 존 스미스가 새롭게 무언가를 알게 된 것은 아닙니다. 다만 존 스미스에게서 무명無明이 제거되었을 뿐입니다.

7장

본질적이고 스스로를 알아차리는 존재를 인식하는 것은 곧 스스로를 아는 것이고, 이는 무명이 제거된 후에 빛나는 자기 앎self-knowledge입니다.

무명을 제거한 후에 환히 밝아오는 진정한 앎을 다양한 영적 전통에서는 깨우침awakening, 깨달음enlightenment, 자아실현self-realisation, 구원salvation, 빛남illumination, 해탈liberation, 사토리satori, 열반nirvana, 목샤moksha, 보디 bodhi, 프라냐prajna 등으로 부르고 있습니다.

그러나 이러한 개념들은 우리 자신에 대한 직접적이고도 즉각적인 앎이 이색적이고도 생소한 것처럼 느껴지게 할 우려가 있습니다. 사실 우리 자신에 대한 앎처럼 평범한 것도 없는데 말이지요.

마음이 오로지 대상적 경험에만 주의를 기울이는 데 익숙해져 있다면, 비대상적 인식은 몸과 마음을 깊이 이완시켜 주게 됩니다. 우리 몸과 마음 안에 평생 켜켜이 쌓인 긴장이 풀리게 되는 것이지요. 이러한 이완은 몸과 마음에 특이한 결과를 가져오기도 합니다.

겉으로 드러나는 이런 외적인 징후는 스스로의 존재를 단순히 인식하는 깨달음의 징후가 아닙니다. 그럼에도 불구하고 종종 혼동되기도 하는데 그래서는 안 됩니다. 반대로 스스로의 존재를 단순히 인식하는 것이 너무나 고요히 이루어진 나머지, 이미 그러한 변화가 오래전에 일어났음에도 우리의 마음이 눈치 채지 못하고 지나갈 수도 있습니다.

스즈키 슌류鈴木俊降 선사가 자신의 깨달음의 경험에 대해 왜 언급하지 않느냐는 질문을 받았을 때, 방 뒤쪽에 앉아 있던 그의 아내가 일어서서 이렇게 말했습니다. "한 번도 깨달아본 적이 없으니까요!"[40]

우리의 진정한 본질을 인식하는 것은 특이한 경험이 아닙니다. 사실 그것은 경험조차 아니지요.

이러한 인식을 통해 본질적이고도 환원할 수 없는, 스스로를 알아차리는 존재는 외관상의 굴레를 벗어 던지고 실체를 드러냅니다. 그것은 열려 있으며, 투명하고, 환히 빛나며, 태어나지도 죽지도 않는 불멸의 실체입니다.

그러한 마음은 알아차림의 중심에서 다시 생겨나서 대상

적 경험의 영역으로 나아갑니다. 워즈워스Wordsworth의 시처럼 "영광의 구름을 이끌고" 나아가는 것입니다.

그것은 알아차림으로부터 생겨나서, 알아차림의 본질적인 특성인 흔들리지 않는 평온함과 무조건적인 기쁨을 인간에게 전해줍니다.

알아차림의 바다

알아차림을 바다에 비유하자면, 생각은 수면에서 움직이는 파도이며 느낌은 그 밑에서 흐르는 해류라고 할 수 있겠습니다. 파도와 해류가 바다의 움직임이나 활동이라고 부를 수 있듯이, 마음은 알아차림의 움직임이나 활동입니다.

바닷속 깊은 곳은 언제나 고요합니다. 마찬가지로 알아차림의 중심은 항상 고요하고 평온합니다.

따라서 마음이 그토록 갈망하는 평온함을 얻기 위해서는 알아차림의 중심으로 가라앉아야만 합니다. 루미Rumi는 이렇게 말했지요. "점점 넓어지는 존재의 고리 안에서 아래로 또 아래로 흘러내려라."

파도나 해류가 바닷속 깊은 곳을 향해 '아래로 아래로' 흐르게 되면 더 이상 흔들리지 않고 "넓어"지다가 결국 언젠가 움직임을 멈추게 됩니다. 활동이나 움직임이 없기 때문에 파도나 해류는 자신의 형태를 잃게 되며, 그 결과 자신의 굴레로부터 벗어나게 됩니다.

파도와 해류는 사라지는 것이 아닙니다. 애초에 독자적으로 존재한 적이 없기 때문입니다. 파도와 해류는 그저 물의 움직임일 뿐입니다.

파도와 해류가 일어난다고 해서 물이 생겨나는 것은 아닙니다. 파도와 해류가 잦아든다고 해서 물이 사라지는 것도 아닙니다. 파도와 해류가 일어난다고 해서 새로운 존재가 생기는 것도 아니고, 잦아든다고 해서 어떤 존재가 사라지는 것도 아닙니다.

마찬가지로 마음은 자신의 본질로 점차 가라앉으면서 고요해지고 넓어집니다. 그 내면의 유한하고 조건적이며 제한적인 모든 것으로부터 벗어나서, 본질적이고도 환원 불가능한 정수로 드러나게 됩니다.

명료하고, 환히 빛나는 고요한 알아차림이 드러납니다.

마음의 파도가 생각, 이미지, 느낌, 감각, 지각의 모습으로 나타날 때 새롭게 생겨나는 존재는 없습니다. 마음의 파도가 잦아들 때에도 존재하던 것이 사라지거나 하지도 않습니다.

『바가바드기타』 2장 20절에서도 이렇게 말하고 있지요. "그것은 존재하기를 결코 멈추지 않는다. 또한 그것은 생겨나지도 않는다."[41]

바다의 표면에서 움직이는 파도와 그 밑에서 흐르는 해류는 그저 바닷물 자체 안에서 움직이는 형태 없는 물에 불과합니다.

마찬가지로 모든 생각, 상상, 느낌, 감각, 지각은 단순히 알아차림의 내면에서 움직이는 알아차림 자체일 뿐입니다. 그것은 비록 여러 가지 다양한 대상적 경험으로 나타나지만, 결코 자신 이외의 다른 어떤 것이 되는 일도 없고 다른 어떤 것을 알게 되는 일도 없습니다.

$$* \ * \ *$$

무한한 알아차림이 외관상의 한계를 지닌 채 드러난 것이 곧 우리 각자의 마음입니다. 파도나 해류 때문에 원래 형태가 없는 바닷물에 일시적으로 형태가 생겨나지요. 마찬가지로 우리 각자의 마음은 무한한 알아차림에 잠정적인 한계가 부여되어 일시적인 이름과 형태가 생겨난 것이라 할 수 있습니다.

무한한 알아차림이 외관상의 존재를 드러내기 위해 임의로 취하는 활동이 곧 유한한 마음입니다. 유한한 마음의 형태를 취하면서 무한한 알아차림은 스스로를 제한하는 것처럼 보이며, 결국 경험의 개별적인 주체인 듯 보입니다. 이러한 관점에서는 스스로를 개별적인 대상, 개별적인 타자, 또는 개별적인 세계로서 인식하게 됩니다.

명상은 이러한 과정을 반대로 하는 것입니다. 유한한 마음의 활동이 가라앉을 때, 알아차림에는 아무 일도 일어나지 않습니다. 그저 일시적으로 주어졌던 이름과 형태를 잃을 뿐입니다.

그래서 카슈미르 시바 철학의 탄트라 전통에서는 우리가 쓰러지는 길이 곧 우리가 오르는 길이라고 말합니다. 무한한 알아차림이 유한한 마음의 형태를 취하게 되는 길. 유한한 마음이 자신의 한계를 잃고 무한한 알아차림으로 드러나게 되는 길. 이 두 길은 서로 같은 길입니다. 다만 방향이 정반대인 것이지요.

이러한 과정을 통해 알아차림은 처음에 창조성을 드러내기 위해 임의로 취했던 스스로의 한계에서 벗어나게 됩니다. 그 과정은 대부분 점진적으로 진행되지만 때로는 갑자기 이루어지기도 합니다.

직접적인 길은 자기 탐구와 자기 준수와 자기 굴복의 길이자 길이 없는 길입니다. 이 길을 통해 유한한 마음은 임의로 취했던 한계에서 벗어납니다. 결국 본질적이며, 환원 불가능하고, 나누어지지 않으며, 파괴되지 않고, 흔들리지 않는 순수한 알아차림의 본성이 있는 그대로 드러나게 됩니다.

유한한 마음이 독자적인 실체로서 존재하는 일은 절대로 없습니다. 알아차림이 밖으로 표출되는 길이든, 반대로 무한한 알아차림이 그 원천으로 돌아가는 내면의 길이든 상관없이 말입니다.

유한한 마음 또는 개별적인 자아라는 실체는 존재하지 않습니다. 유한한 마음이란 그저 무한한 알아차림이 임의로 취하는 활동에 불과합니다. 알아차림은 이를 통해서, 그리고 이로 인하여 스스로를 세계라 인식합니다. 따라서 유한한 마음은 무한한 신의 존재의 대행인 것이지, 자신만의 고유한 권리를 가진 실체는 결코 아닙니다.

존재하는 실체는 단 하나뿐입니다. 이것은 무한하고, 나누어지지 않으며, 스스로를 알아차리는 존재입니다. 이것은 자기 자신 이외에는 어떠한 것에 의해서도 제한되지 않으며 분리되지도 않습니다. 존재하는 것처럼 보이는 모든 외관상의 사물들과 사람들은 이것으로부터 비롯됩니다.

무한한 알아차림이 무한한 알아차림이기를 포기함으로써 유한한 마음이 되는 것은 결코 아닙니다. 단지 자신의 활동으로 스스로를 색칠하며 스스로를 제한하는 것처럼 보일 뿐입니다. 여기에는 알아차림과, 색이 덧씌워진 알아차림이 있을

뿐 알아차림이 사라지는 일은 결코 없습니다. 다른 마음이나
자아가 존재하게 되는 일도 없습니다.

* * *

파도가 다른 파도 안에서 평온함과 만족감을 얻을 수는
없습니다. 파도가 지속적인 평온함과 만족감을 얻는 유일한
방법은 자기 자신의 저 아래 심연으로 가라앉으면서 점차 흔
들리지 않게 되는 것뿐입니다.

마찬가지로 외관상 개별적인 자아로 보이는 유한한 마음이
지속적인 평온함과 만족감을 찾을 수 있는 유일한 곳은 자기
존재의 심연입니다. 대상적 경험에서 평온함과 만족감을 찾
아 헤매는 개별적인 자아인 유한한 마음은 바다에서 물을
찾아 헤매는 해류와도 같지요.

평온함과 만족감을 얻으려는 갈망은 대상, 물질, 활동, 마
음 상태, 인간관계의 획득을 통해 일시적으로 완화될 수는
있겠지만 결코 완전히 충족될 수는 없습니다. 결국 새로운 경

험이 멈추거나 사라지는 순간 그러한 갈망은 다시 모습을 드러내게 되지요.

외관상 개별적인 자아인 유한한 마음은 내면으로 깊이 뛰어들 때에만 그토록 갈망하던 안식과 평온함과 만족감을 얻을 수 있습니다.

유한한 마음인 개별적인 자아는 그 자체의 환상 속에서만 진짜처럼 보이는 허깨비에 불과합니다. 그렇다고 해서 유한한 마음인 개별적인 자아가 아예 존재하지 않는다는 의미는 아닙니다. 다만 보이는 것과는 다르다는 뜻입니다.

모든 환상의 바탕에는 그것의 실체가 있습니다. 만약 우리가 환상을 경험하고 있다면, 당연히 우리는 그것의 실체 역시 경험하고 있는 것입니다. 우리가 영화를 보는 동안에는 당연히 스크린을 보고 있는 것과 마찬가지지요.

개별적인 자아의 '나'는 무한한 알아차림의 진정하고도 유일한 '나'입니다. 다만 경험의 대상적 특성과 섞인 것처럼 보이기에 외관상 제한되는 듯하지요.

알아차림의 외관상의 한계 때문에 본래적인 평온함이 제한되는 것처럼 보이게 됩니다. 바로 이 때문에 모든 외관상 개별적인 자아들은 늘 기본적으로 평온함이나 만족감을 찾아 헤매게 되는 것입니다.

대부분의 사람들의 마음에 남아있는 개별화의 상처는 알아차림의 정수가 보내는 초대장이라고도 할 수 있습니다. 마음을 내면으로 이끌어서 스스로의 원천과 본질에 있는 평온함과 만족감을 찾도록 해주는 것이지요.

주의나 마음이 대상을 향한 알아차림이듯이, 우리의 갈망혹은 헌신은 사람이나 신을 향한 사랑입니다. 마음이 그토록갈망하는 평온함과 행복은 삶의 운명이 아니라 주의attention의 근원에 살아 있습니다. 마찬가지로 우리의 심장이 그토록갈망하는 사랑은 만족감이 아니라 바로 그 갈망의 근원에살아 있습니다.

이처럼 우리의 갈망이란, 바로 그 갈망의 근원으로부터 비롯되고 만들어진 것입니다. 16세기 이탈리아의 어느 수도승은 이렇게 말했습니다. "주여, 당신은 제가 당신을 사랑하는 바로 그 사랑입니다."

"주의"를 그 근원으로 돌려보내는 것이 명상의 정수입니다. 근원 속으로 헌신이나 갈망을 녹여버리는 것이 기도의 핵심입니다.

평온함과 행복을 모색하는 마음과 사랑을 갈망하는 심장은 그 정수 안에서 가라앉거나 녹아버려야 합니다.

우리는 죽기 전에 반드시 죽어야 합니다.

알아차리고 있다는 것을 알아차릴 때, 개별적인 자아가 존재할 여지는 없습니다. 그저 영원하고 무한한 알아차림만이 존재할 뿐입니다. 본래적인 평온함과 무조건적인 충만함 속에서 편안히 쉬는 존재…. 스스로를 알고, 스스로 존재하고, 스스로를 사랑하는 존재뿐입니다.

그래서 루미Rumi는 이렇게 말했습니다. "당신의 사랑의 존재 안에서 나는 비존재non-existent가 됩니다. 당신으로 이어진 이 비존재는 내가 존재 안에서 찾을 수 있는 그 무엇보다도 더 훌륭합니다."

알아차리고 있다는 것을 알아차림으로써, 즉 우리 자신이 본질적이고도 환원 불가능한 존재라는 것을 알게 됨으로써 불안한 마음은 사라지고 심장은 갈망에서 벗어나게 됩니다.

불안과 갈망이 사라지고 난 그 자리에 남게 되는 것에는 무어라 이름을 붙일 수가 없습니다. 이름이란 앎과 경험의 대상에 대한 언급이기 때문입니다. 그럼에도 불구하고 이것은 모든 마음이 찾아 헤매는 것이며, 모든 마음이 갈망하는 것입니다.

옮긴이 주

- 1　불교의 세 가지 근본 교의敎義의 하나. 세상에 존재하는 모든
　　사물은 인연으로 생겼으며, 영원하고 불변하는 본성本性인 '나'
　　는 존재하지 않는다는 것을 이른다.

- 2　이 책에서 자주 언급되는 '대상적 경험objective experience'은
　　나 이외의 다른 모든 사물이나 사람들에 관한 경험을 뜻한다.
　　인간의 경험은 크게 보아 두 가지로 나뉜다. 나 자신의 내부에서
　　일어나는 내부 경험과 세상에 대한 외부 경험이다. 여기서 후자
　　에 속하는 모든 종류의 외부 경험을 저자는 대상적 경험이라 부
　　른다. 형용사 "objective"는 대체로 '객관적'이라고 번역된다. 그

러나 "objective experience"를 '객관적 경험'이라고 번역하면, 그에 반대되는 '주관적 경험'이라는 개념과 대비되는 것으로 오해될 우려가 있다. 여기서 "objective experience"는 주관적 경험과 반대되는 의미에서의 객관적 경험을 일컫는 것이 아니다. 모든 사물이나 사람, 즉 세상의 모든 대상에 대한 경험이라는 뜻이다. 그래서 '객관적 경험'이 아니라 '대상적 경험'이라고 번역했다. 참고로 저자는 대상적 경험이라는 말은 매우 자주 사용하지만 주관적 경험subjective experience이라는 말은 이 책에서 단한 번도 언급하지 않는다.

• 3 여기서 굴복이란, 패배해서 항복한다는 의미라기보다는 마음을 열고 모든 것에 자신을 내맡기는 것이라 할 수 있다. 굴복surrender과 자기 굴복self-surrender이라는 표현은 본문 5장 이후부터 여러 번 등장한다.

• 4 저자는 이 책에서 "환원 불가능한irreducible"이란 표현을 여러 차례 사용한다. 마음의 본성으로서의 알아차림이 환원 불가능하다는 것은 다른 것으로 대체될 수도 없고 더 세부적인 요소로 나누어지지도 않는다는 뜻이다. 수학적으로 말하자면 약분

이 더 이상 불가능하다는 것이다. 다시 말해서 가장 본질적이고도 순수한 정수 혹은 '고갱이'라는 의미를 함축하는 말이다.

· 5 저자가 인용하고 있는 'passeth understanding'이라는 표현은 성경 빌립보서 4장 7절에 나오는 유명한 구절이다. "And the peace of God, which passeth all understanding, shall keep your hearts and minds through Christ Jesus." 여기서 'peace'는 일상적인 의미에서의 혼란이나 갈등의 반대 개념이 아니라, 더 근원적이고 본질적인 평온함이다. 전쟁이나 갈등이 없음으로써 주어지는 상대적인 개념의 평화라기보다는, 전쟁과 평화의 이분법적 대립을 넘어서는 더 근본적인 평온함을 뜻한다.

· 6 이유 없는 기쁨causeless joy이란 어떠한 원인이나 이유 때문에 생겨난 것이 아니라 이유도 없고 조건도 없이 생겨나는 본래적인 기쁨을 말한다. 어떠한 원인으로 인해 생겨난 기쁨은 그 원인이 사라지면 기쁨도 사라지게 마련이며, 나아가 그 원인이 충족되지 않으면 오히려 불행감을 가져오기도 한다. 이유 없는 기쁨이 진짜 기쁨이며, 영원한 기쁨이고, 흔들리지 않는 기쁨이다.

• 7 크리슈나무르티가 남긴 유명한 말로 베단타 철학의 핵심을 한마디로 요약한다. 우리가 삶에서 괴로움이나 번뇌를 갖게 되는 이유는 어떤 것을 좋아하거나 싫어하기 때문이다. 좋아하는 것을 못 얻을까 봐 괴롭고, 싫어하는 일을 못 피할까 봐 두려운 것이다. 어떤 일이든 특별히 좋아하거나 싫어하지도 않는 것이 진정한 행복을 누리는 상태다. 집착도 거부도 하지 않는 것이 수용이다. 지금 화성 북반구 어느 계곡에 심한 모래 폭풍이 불고 있다고 하자. 화성 모래바람에 신경 쓰는 사람은 없다. 특별히 싫어하는 사람도 없고 좋아하는 사람도 없을 것이다. 따라서 화성의 모래바람은 번뇌의 원인이 될 수 없다. 알아차림은 모든 것을 조용히 지켜보는 순수의식으로서의 '배경자아'다. 어떤 것을 좋아하거나 싫어하는 마음은 저자가 말하는 대상적 경험에 불과한 것이다. 알아차림은 내 안에서 일어나는 그런 다양한 마음을 조용히 알아차릴 뿐이다. 그러한 '배경자아'는 특별히 좋아하는 일도 없고 싫어하는 일도 없으니 무슨 일이 일어나든 개의치도 않고 신경 쓰지도 않는다. 따라서 늘 평온하고 행복하다.

• 8 "무조건적"이라는 말은 어떤 조건이나 상황에 의해서 영향을 받거나 좌우되지 않는다는 뜻이다. 알아차림은 늘 평온하며 고요

하며 흔들리지 않으며 시공간의 구속을 받지 않는다. 그것이 곧 순수의식이다.

· 9 영화의 영상은 스크린이 없으면 존재할 수 없다. 뒤에서 받쳐주는 스크린 위에서 영상은 존재한다. 스크린과 영상은 분명 구별되는 별개의 것이지만 동시에 모든 영상 뒤에는 스크린이 존재한다.

· 10 따라서 알아차림은 고통이나 괴로움을 경험하지 않는다. 다만 '경험자아'가 고통이나 괴로움을 경험할 때 그것을 고요히 알아차릴 뿐이다. 알아차림 자체는 세상일에 의해서 아무런 영향도 받지 않는다.

· 11 여기서 "모든 것에 완전히 무방비 상태"라는 것은 어떠한 것에도 저항하지 않는 완전한 항복total surrender 상태를 의미한다. 알아차림은 어떠한 것에도 저항하지 않는다. 모든 것을 수용한다. 공간이 늘 사물을 수용하듯이, 고요함이 늘 소리를 수용하듯이, 알아차림은 모든 경험을 늘 수용한다. 사물에 저항하는 것은 또 다른 사물일 뿐이고, 소리에 저항하는 것은 또

다른 소리일 뿐이며, 어떤 경험에 저항하는 것은 또 다른 경험일 뿐이다. 모든 경험을 늘 알아차리는 순수의식으로서의 알아차림은 모든 경험을 그저 알아차릴 뿐 그 어떠한 것에도 저항하지 않고 늘 수용한다. 완전한 항복은 따라서 곧 완전한 수용total acceptance이다. 하심下心이다. 금강경에서 말하는 항복기심降伏其心이다.

· 12　베단타 철학에서는 순수의식으로서의 진짜 "나"는 태어나지도 않고 따라서 죽지도 않는다. 그냥 원래 있는 것이다. 그 순수의식은 우주 전체를 꽉 채우고 있는 단일한 의식이다. "나"와 "너"로 구분되지도 않는다. 그래서 순수의식으로서의 "나"가 곧 브라만이고 우주라는 것이다. 너와 구별되는 "나"는 개별적 자아인데, 이는 환상에 불과하다고 본다. 비유적으로 말하자면 하나의 전깃줄에 수많은 전구가 매달려 있는 크리스마스트리 장식 조명 같은 것이다. 하나하나의 전구가 곧 개별적 자아다. 전구 하나하나는 각각 구별된다. 그러나 그 전구들은 모두 전선을 흐르는 전기에너지에 의해서 연결되어 있다. 전원을 끄면 모든 전구는 꺼진다. 전구는 구별되지만 전구들의 불빛을 밝히는 전기는 하나다. 구별되지 않는다. 그 전기에너지가 곧 순수의식

으로서의 알아차림인 것이다.

· 13 공간은 직접적인 경험의 대상이 아니다. 공간은 사물의 부재로
서만 우리에게 간접적으로 경험될 뿐이다. 그것은 고요함도 마
찬가지다. 고요함 역시 직접적 경험의 대상이 아니다. 우리는
고요함을 우리 귀로는 도저히 들을 수 없다. 고요함은 소리의
부재를 통해 간접적으로 경험될 뿐이다. 나의 소리와 너의 소리
는 구분되지만 나의 고요함과 너의 고요함은 완벽하게 동일하
다. 지금 내 방 안에 있는 사물들과 당신 방 안에 있는 사물들
은 서로 다르지만, 내 방 안의 공간과 당신 방 안의 공간은 완
벽하게 동일하다. 사실 내 방 안의 공간이나 당신 방 안의 공간
이나 모두 이 우주의 공간으로 연결되어 있는 하나다. 고요함
이나 공간과 마찬가지로 알아차림 역시 동일하며 연결되어 있
는 하나다. 나의 지금 경험과 너의 지금 경험은 다르지만 그 경
험들을 알아차리는 알아차림은 동일하며 하나로 연결되어 있
다는 것이 베단타 철학의 입장이다.

· 14 알아차림awareness은 스스로를 알아차리는 실체로서의 진짜
"나"인 것이고, 알아차리기being aware는 알아차리기라는 행

위를 하는 존재를 가리킨다. 표현은 다르지만 둘은 결국 같은 것을 지칭하는 것이다. 알아차림은 명사고 알아차리기는 현재진행형의 동사의 느낌이 있을 뿐이다. "being aware"에서 "being"은 "존재"라는 뜻도 담고 있고 "알아차리고 있는"이라는 현재진행형이라는 뜻도 담고 있다. 영어로만 표현이 가능한 뉘앙스이며 한국어로는 한 단어로 이 둘 다를 담아내기가 어렵다. 태양에 비유해서 말하자면 알아차림은 "빛남"이고 알아차리기는 "빛나기" 혹은 "빛나는 존재"라 할 수 있다.

• 15 화살 등이 "과녁을 비껴간 상태"가 하타아인데 이것이 영어로는 'sin'으로 번역된 것이다. 원래 가야할 자리로 가지 못하고 길을 잃은 상태가 성경에서 말하는 '죄악'이다. 이러한 죄악에서 벗어나기 위해서는 잘못된 길로 가던 것을 방향을 바꿔 제대로 된 길로 가는 것이 필요한데 그것이 메타노이아metanoia다. 그리스어 메타노이아는 '생각을 바꾼다, 혹은 마음을 바꾼다'는 뜻이다. 히브리어로는 구약에 자주 나오는 '슈브'라는 말로 '돌이키다 혹은 되돌아오다'라는 뜻이다. 메타노이아가 영어로 'repent'라고 번역되는 바람에 한국어로는 "회개하라"가 되어버렸다. 세례자 요한이 "회개하라"고 외쳤을 때, 그는 '잘못을

뉘우치고 반성하라'고 촉구했다기보다는 사실 "마음의 방향을 바꿔라, 되돌아 와라"고 한 것이다. 과녁을 벗어난 상태에서 방향을 틀어서 제대로 된 방향으로 가는 것이 곧 회개이며 구원이다. 저자는 대상적 경험으로 향하는 우리의 마음의 방향을 바꿔서 알아차림으로 향해 되돌아가는 것이 곧 '메타노이아'임을 강조하고 있다.

· 16 불교에서는 '아비디야'를 무명無明이라 한다. 아비디야의 반대는 지혜나 지식을 뜻하는 비디야vidya이다.

· 17 저자가 자주 사용하는 개념인 "apparently"라는 용어는 "명백히"라는 뜻이 아니라 "겉으로는 그렇게 보이지만 사실은 그렇지 않은"이란 뜻을 함축하고 있다. 원래 진정한 셀프는 개별적인 것이 아니다. 베단타 철학에서 말하는 진정한 셀프는 개별적인 자아가 아니라 우주의 의식과 연결되어 있는 전체로서의 자아다. 개별적인 것처럼 보이지만 사실은 개별적인 것이 아니라는 뜻이 함축되어 있다.

· 18 여기서 "see"는 봐서 이해한다는 뜻이 함축되어 있고, "look

at"은 주의를 기울여 바라본다는 뜻이 담겨있다.

• 19 이것이 바로 베단타 철학에서 말하는 '애쓰지 않는 노력' effortless effort 으로서의 명상이다. 무언가 깨닫고 원천으로 돌아가기 위해 집중해서 노력해서는 안 된다는 것이다. 목표지향적인 의도적 노력은 대상적 경험을 촉발할 뿐이기 때문에 오히려 원천으로부터 멀어질 뿐이다. 깨달음을 얻고자 하는 마음을 버려야 깨닫는다. 반야심경 말처럼, 지혜란 것도 없고, 깨달을 것도 없고, 그야말로 얻을 것이 아무것도 없음을 알아야 한다無智亦無得 以無所得故. 이는 자나 깨나 화두를 붙들고 의문을 풀고자 하는 일념으로 용맹정진하는 선불교식 수행과는 완전히 반대되는 명상법이다. 모든 의도적인 노력을 다 놓아버릴 때 순수한 알아차림의 상태에 더 가까이 갈수 있다는 것이다.

• 20 이것이 바로 사띠sati : 산스크리트어로는 smrti 다. 사띠는 원래 기억한다는 뜻이다. 무엇인가를 알아차린다는 것은 이미 일어난 과거의 일에 관한 것이다. 어떤 것을 인지하는 순간, 그것은 이미 일어난 과거 일이다. 즉 "지금 여기"라고는 하지만 엄밀히 말하면 "조금 전"이다. 내가 조금 전에 일어났던 일을 지금 알

아차리는 것이기에 알아차림의 본질은 기억이다.

· 21   신약 성경 〈마태복음〉 6장 6절.

· 22   앨프리드 테니슨은 19세기 영국의 계관시인이며 해당 구절은
        그의 작품 〈율리시스Ulysses〉에서 인용한 것이다.

· 23   여기서 "I am"이라는 표현은 일인칭 be동사라기보다는 하나의
        고유명사처럼 사용되고 있다. 보통 "I am" 다음에는 "I"를 서술
        하는 표현이 온다. 그것이 이름이든 직업이든 상태든 그 서술어
        는 "I"를 한정 짓고 규정한다. 하지만 여기서 고유명사로서의 "I
        am"은 어떠한 규정 이전의, 어떠한 한정도 없는 본래적 모습으
        로서 순수한 '나의 존재'라는 의미이다. 이러한 의미를 살리기
        위해 "I am"은 "나는 있다" 등으로 번역하지 않고 그냥 고유명
        사 "아이엠"으로 표기한다.

· 24   "장소가 아닌 장소"라는 의미는 마음의 활동이 없는 곳에서는
        시간도 공간도 경험되지 않는다는 뜻이다. 알아차림은 시간과
        공간에 의해서 규정되거나 제한되지 않는다.

• 25 우리의 주의나 인식의 대상은 늘 외부의 대상적 경험으로 향한다. 그것의 방향을 내부로 돌려놓기 위해서 주의를 내면으로 돌리려 하는 것은 내면에서 대상적 경험을 찾으려 하는 결과를 초래한다. 알아차림을 알아차리기 위해서는 대상적 경험을 추구하는 인식을 잠시 중단하여야 한다. 그것이 바로 애쓰지 않는 노력이다. 일종의 대상 없는 인식이다. 일상생활 속에서 이러한 알아차림에 가까운 경험은 다음과 같은 훈련을 통해서 해볼 수 있다. 사물을 바라보면서 그 사물이 점유하고 있는 공간을 알아차리기. 음악이나 종소리를 들으면서 음과 음 사이의 고요함을 알아차리기. 들숨과 날숨 사이의 전환점을 알아차리기 등.

• 26 본래면목 本來面目은 육조 혜능이 처음 사용한 말이라고 전해지는데 진면목이라고도 한다. 진짜 "나" 혹은 나의 "본모습"이란 뜻이다. 불교의 간화선에서는 "너는 과연 무엇이냐"의 문제를 집중적으로 다룬다. "부모에게 나기 전에 어떤 것이 참나인가 父母未生前 本來面目?"라는 화두가 그 예다. 현재 대한불교조계종에서 가장 강조하고 있는 이 화두는 한 문장으로 되어 있지만 사실 여러 가지를 한꺼번에 묻고 있다. 부모에게 나기도 전에 과연 나는 존재했는가? 아니면 태어나서 몸을 지니게 된 다

음에야 비로소 존재하게 된 것인가? 만약 몸이 나의 본질이 아니라면, 몸이 진짜 나가 아니라면, 혹시 몸이 태어나기 전에도 "본래의 나"란 존재가 이미 있었던 것은 아닐까? 그렇다면 몸이 태어나기도 전에 존재했던 나는 무엇일까? 그것이 혹시 본래부터 있던 "진짜 나"인 것은 아닐까? 태어나기도 전부터 존재하는 것이 "진짜 나眞我"라는 것은 사실 불교보다는 인도의 베단타 철학의 핵심 개념이다. 즉 아트만을 설명하기 위해 널리 사용되어 온 방법이 "부모에게서 나기도 전부터 존재했던 나"라는 개념인 것이다. 현대에 와서도 베단타 철학의 많은 구루들은 여전히 "참나"를 찾는 것을 수행의 궁극적인 목표로 제시하고 있다. 저자도 언급하고 있는 라마나 마하리쉬의 핵심적인 가르침 역시 참나를 찾는 것에 관한 것이고 그의 핵심 질문은 "나는 누구인가?Who am I?"이다. 니사르가닷타 또한 참나를 의식의 주체인 순수의식이라 강조한다. 그의 대표서 제목 역시 『I am that』이다. 라마나나 니사르가닷타 모두 수행의 궁극적인 목표로 참나를 찾을 것을 강조하고 있으며 둘 다 "당신은 부모에게 태어나기 전에도 존재했고, 그 존재가 참나"라는 것을 역설하고 있다. 순수의식으로서의 "참나"는 내 몸이 생기기 전부터 이미 존재하고 있었고, 몸이 죽어서 사라져도 죽지도 않고 사라지지 않는다는 것이다. 베단타 철학에서 태어나고 죽는 것은 다만 형태를 지닌 몸에 불과한 것이지 순수의식으로서의 "진짜 나"는 결코 태어나는 일도 없고, 태어나지도 않기에 죽는 일도 없는 존재다. 이 순수의식이 스파이라가 말하는 알아차림이다. 한편, 선불교에서 강조하는 참나, 진아, 불성 등의 개념이 결국 이러한 힌두교의 아트만과 같은 개념이 아니냐는 비판은 오래전부터 있어 왔다. 특히 참나, 진아, 진면목, 불성 등 여래장 사상의 핵심 개념이 우파니샤드의 아트만의 개념과 동일한 것이라는 주장은 1980년대 일본에서 "비판 불교"라는 이름으로 제기되어 많은 논란을 가져오기도 했다. 고타마는 브라만교의 기본 개념인 아트만을 배격하고 그 대신에 아나타무아 혹은 비아, 아니짜무상 등 삼법인을 강조함으로써 불교 교리를 세웠다. 따라서 아트만의 철저한 부정이 불교 교리의 출발점인데, 선불교의 참나나 여래장 사상은 다시 아트만을 추구하는 오류를 범하고 있다는 것이 비판 불교의 핵심 주장이다. 물론 그동안 여래장 사상에서의 불성이나 진아는 아트만의 개념과는 다르다는 반론도 다양하게 제기되었다. 연기론을 그 근거로 들기도 한다. 그러나 불성이나 여래장이라는 개념 자체가 조건 속에서 계속 변화하는 존재의 특성을 강조하는 연기론과는 양립하기 어렵다는 비판은 여전히 설득력을 갖는다. 적어도 "부모에게서 나기 전에도 존재했던 참나"라는 표현은 불교보다는 베단타 철학에서 아트만을 설명하기 위해 오래전부터 실제로 사용해 온 개념이다. 중국의 선불교는 기존 불교에 도교 사상뿐만 아니라 베단타 철학도 적극 수용해서 초기 불교를 철학적으로 업그레이드함과 동시에 상당히 다른 길을 걷게 된 것으로 보인다.

• 27 바로 이러한 점이 불교에서의 사띠와 베단타 철학에서의 알아차림의 차이다. 불교에서의 사띠는 수행을 통해 그 힘이 강해질 수 있다고 본다. 그러나 스파이라가 말하는 알아차림은 수행을 통해 그 능력이 커지거나 하는 그런 것이 아니다. 어디로든 '주의'를 보내는 것을 그만두고 있는 그대로 지금 이대로 머무를 때 본래의 알아차림은 그저 드러날 뿐이다. 수행이나 노력이나 방향성이 없기에 이를 '직접적인 길'이라 부르는 것이다. 노력이 필요 없기에 애쓰지 않음effortlessness을 강조한다. 마치 단번에 깨치는 돈오와도 같다. 지눌 이래 우리나라 전통불교는 돈오점수다. 한번 깨달은 연후에 제대로 수행해 나갈 수 있다는 것이다. 일리 있는 말이다. 이에 반해서 추가적인 점수를 해야 한다면 진정한 돈오가 이루어진 것이 아니기에 돈오

돈수가 맞는다는 주장도 있으나, 이는 베단타 철학에 가까운 것이다. 이것 역시 일리 있는 말이다.

· 28 애쓰지 않음을 특히 강조하는 명상가는 스파이라의 스승인 프란시스 루실Francis Lucille이다. 그는 스파이라에게 직접적인 길 direct path에 대해서 가르쳤다. 루실은 무거운 가방을 들고 집으로 돌아온 여행자를 예로 든다. 그의 손에는 여행 내내 계속 무거운 여행 가방이 들려있었다. 집에 돌아왔으니 이제 가방을 바닥에 내려놓고 쉬어야 한다. 손을 펴서 가방을 내려놓기 위해 특별히 어떤 노력을 해야 하는 것은 아니다. 그냥 손을 펴서 놓기만 하면 된다. 오히려 오랫동안 가방을 들고 있는 것이 애씀이고 노력이었다. 이제 그러한 애씀과 노력을 그만두고 쉬는 것이 진정한 명상이다. 손을 펴서 가방을 내려놓는 상태를 잊은 사람에게는 물론 이것이 쉽지 않다. 가방을 들고 있는 상태가 그냥 정상적인 상태로 느껴지기 때문이다. 가방을 내려놓은 방법이나 단계란 없다. 다만 이제 집에 돌아왔음을 깨닫고, 더 이상 헤매고 돌아다닐 필요가 없음을 깨닫고, 지금 불필요하게 무거운 짐을 들고 있는 상태라는 것을 깨닫기만 하면 놓을 수 있다. 수고하고 무거운 짐을 진 자들은 그냥 그 짐을 놓

아버리면letting it go 된다. 놓기만 하면 바로 본래 상태로 돌아
간다. 이것이 직접적인 길이다. 예수님께서는 "수고하고 무거운
짐 진 자들아 다 내게로 오라 내가 너희를 쉬게 하리라"고 말
씀하셨다. 짐을 내려놓고 쉬는 것은 곧 예수님께로 가는 길이
기도 하다.

• 29   아이엠이 잠깐 빛난다는 뜻과 관련해서는, "나는 배가 고프다
I am hungry"라고 말하는 경우를 생각해보자. '배고프다'는 서
술어를 말하기 직전에 "I am"은 아직 어떠한 수식어로도 제한
되지 않은 순수한 아이엠이다. 그 순수한 아이엠은 어떤 경우
에는 배부를 수도 있고 목마를 수도 있다. 행복할 수도 있고
소년일 수도 있고 여성일 수도 있고 선생님일 수도 있고 학생
일 수도 있다. 무엇이든 될 수 있는, 그러나 아직 무엇에도 제
한되거나 구속되지 않는 순수한 존재로서의 아이엠이다. 이것
이 순수의식으로서의 알아차림이다. 이것은 곧 신의 이름이기
도 하다. 전능하사 천지를 창조하신 하나님은 무엇이든 될 수
있기에 무어라 인간의 말로 수식어를 붙이거나 제한할 수가
없다. 성경에서 하나님의 이름이 처음 나오는 것은 출애굽기
3장이다. 모세가 당신의 이름을 묻는 백성들에게 무어라고 해

야 하느냐는 질문에 대해 하나님은 친히 답변하신다. "나는 아이엠이다I am that I am: Ehyeh asher ehyeh". 하나님은 어떠한 수식어로도 제한되지 않는 존재라는 뜻이다.

· 30 "마하리쉬"는 이름이 아니라 '위대한 스승'이라는 뜻의 칭호다. 그래서 라마나도 마하리쉬라 불리고 니사르가닷타도 마하리쉬라 불린다. 이 밖에도 인도에는 수많은 마하리쉬들이 있다.

· 31 "the path of discrimination"은 초기 불교 경전의 하나인 빠띠삼비다막가Patisambhidamagga 의 영어식 표현이다. 한자어로는 무애해도無礙解道 라 번역된 빠띠삼비다막가는 굿다까 니까야Khuddaka Nikāya 의 12번째 경전으로 현존하는 가장 오래된 불교 수행서로 알려져 있으며, 5세기에 붓다고사Buddhaghosa에 의해 쓰인 위숫디막가Visuddhimagga "the path of purification"에 많은 영향을 미친 것으로 알려져 있다.

· 32 '아트마 비차라'는 "진짜 나" 혹은 "참나"를 탐구한다는 뜻으로 불이론 철학advaita vedanta에서 가장 중요시하는 수행법이다.

· 33 이러한 질문들은 결국 나의 행동과 생각 저편에 있는 어떤 존재가 "진짜 나"라는 불이론 철학의 핵심을 반영한다. 우리나라 간화선의 가장 흔한 "이 뭐꼬?" 화두 역시 바로 아트마 비차라인 것이다. 참고로 반야심경이나 금강경과 같은 정통 반야부 텍스트에서는 이러한 불이론적 개념은 좀처럼 찾아보기 힘들다.

· 34 이러한 점에서 하나님은 진정한 사랑 그 자체다. 하나님은 사랑의 주체도 아니고 사랑의 대상도 아니다. 진정한 사랑으로서 살아계신 하나님은 명사라기보다는 동사다.

· 35 랄라는 Lalleshwari 또는 "어머니 랄라"라는 뜻의 Lal Ded로도 불린다. 중세 카슈미르 지방 출신의 시인이자 영적 지도자다. 그는 뱃선vatsun이라 불리는 구어체 스타일의 시 형식을 창안해냈다. 그의 시에는 도교의 내단전 등과 유사한 개념이 자주 등장한다.

· 36 헤시카즘은 '고요함' '침묵' '평온함'의 뜻을 지닌 그리스어 헤시키아hesykia에서 온 말이다. 흔히 관상기도로 번역되기도 한다. 넓은 의미에서 명상과 같은 뜻이다. 헤시카즘 수행의 대표적인

방법이 예수 기도인데, '키리에 엘레이손Kyrie Eleison', 즉 "주여 우리를 불쌍히 여기소서"를 반복하는 것이다. 특히 호흡조절을 포함한다는 점에서 일종의 호흡명상이라 할 수 있다. 보통 들숨으로 "하나님의 아들 우리 주 예수그리스도"를 마음속으로 부르고, 날숨으로 "우리를 불쌍히 여기소서"를 반복한다. 불교에서 나무아미타불이나 나무관세음보살을 반복해서 부르는 것과 유사하다.

• 37   이사야서 26장 3절.

• 38   셰익스피어의 4대 비극 중 하나인 『리어왕』의 주인공 리어왕은 딸과 신하들의 배반으로 극심한 고통과 괴로움을 겪다가 죽는다.

• 39   마이스터 에크하르트는 13세기 독일의 위대한 철학자이자 신학자다. 신Got과 신성Gottheit의 개념을 구분해야 한다고 주장했고, 근저Grund라는 개념을 통해서 신과 인간의 진정한 합일의 상태에 대해 논했다. 여기서 인용된 구절은 그의 57번째 독일어 설교 혹은 Pf 96, Q 12, QT 13에 나오는 유명한 구절의 앞부

분이다. 뒷부분을 마저 인용해보면 다음과 같다. "나의 눈과 하나님의 눈은 하나의 눈이며, 하나의 봄이고, 하나의 앎이며, 하나의 사랑이다The eye with which I see God is the same eye with which God sees me : my eye and God's eye are one eye, one seeing, one knowing and one love." 하나님의 임재하심을 늘 느끼고, 살아계신 하나님이 나와 항상 함께 하심을 생생하게 알 수 있을 때, 그것을 알 수 있게 하는 내 마음의 눈은 곧 나를 사랑으로 지켜보아 주시는 하나님의 눈과 하나라는 뜻이다. 그것이 단 하나의 진정한 앎이며 단 하나의 진정한 사랑이라는 것이다. 베단타 철학을 접해본 적이 없는 마이스터 에크하르트가 불이론의 핵심을 이렇게 간결하고도 아름다운 문장으로 요약했다는 것은 참으로 놀라운 일이다.

· 40 이 일화는 스즈키 슌류 선사의 『선심 초심Zen Mind, Beginner's Mind』이라는 책의 서문에 등장한다. 그의 법문을 제자들이 엮어서 만든 책인데, 서문을 쓴 리처드 베이커가 스즈키 선사에게 왜 사토리깨달음를 한 번도 언급하지 않느냐는 질문을 하자, 옆에 앉아 있던 그의 부인이 슬쩍 베이커 쪽으로 몸을 기울이며 장난꾸러기처럼 "이 양반은 한 번도 깨달은 적이 없으니까

요"라고 속삭이듯 말했다. 그러자 스즈키 선사가 "쉿! 그런 거 말해주면 안 돼!"라고 농담을 받아쳐서 셋 다 크게 웃은 적이 있었다는 유명한 일화다. 스즈키 선사는 명상 수행은 무엇인가를 얻으려 애쓰는 것을 경계해야 한다고 덧붙인다. 스즈키 슌류는 1950년대에 일본에서 샌프란시스코로 와서 조동종 계열의 젠 센터를 설립해 미국에 젠 문화를 보급한 선구자로 유명하다. 그는 샌프란시스코 북쪽에 있는 아름다운 무어 해변 근처 산기슭에 그린 걸치 팜청룡사도 설립했다. 역자는 그곳에 머물면서 좌선 수행을 한 적이 있는데, 그때 그의 가르침을 책을 통해서나마 처음 접했던 기억이 있다.

• 41 『바가바드기타』 2장 20절은 진정한 '나'인 아트만에 관한 이야기다. 아트만은 태어나지도 않고 따라서 죽지도 않는다. 몸이 태어나기 전에도 존재하고 몸이 죽은 후에도 존재한다. 진정한 '나'는 몸의 탄생이나 파괴에 상관없이 계속 존재하는 불멸의 존재라는 믿음은 베단타 철학의 핵심 사상 중 하나다. 참고로, 『바가바드기타』 2장 20절의 내용은 다음과 같다. 최고의 산스크리트어 전문가인 임근동 교수님께서 최근에 내신 『바가바드기타』 번역본을 참조했다. "그 어느 때도 이것은 생겨나지도 죽

지도 않는다. 생겨나고 다시 생겨나고 하는 것이 아니다. 출생이 없는 것, 항상한 것, 영구한 것, 옛것인 이것은 몸이 죽임을 당해도 죽지 않는다."

알아차림에 대한 알아차림

1판 1쇄 발행 2023년 5월 25일
1판 4쇄 발행 2023년 9월 9일

지은이   루퍼트 스파이라
옮긴이   김주환
펴낸이   박선영

편집   양성숙
마케팅   김서연
디자인   씨오디
발행처   퍼블리온
출판등록   2020년 2월 26일 제2022-000096호
주소   서울시 금천구 가산디지털2로 101 한라원앤원타워 B동 1610호
전화   02-3144-1191
팩스   02-2101-2054
전자우편   info@publion.co.kr

ISBN   979-11-91587-41-8 03190

※ 책값은 뒤표지에 있습니다.